AF467699

Le
Général GALLIENI
P. Gérald
Le
Général Gallieni
DÉPÔT LÉGAL
HAUTE-VIENNE
1901
LIMOGES
MARC BARBOU & Cie
ÉDITEURS
Ln 27
48286

LE GÉNÉRAL GALLIENI

Grand In-8° — Troisième Série

Le général Gallieni.

P. GÉRALD

Le

Général Gallieni

LIMOGES
MARC BARBOU, ÉDITEUR
RUE PUY-VIEILLE-MONNAIE

POUR LA PATRIE

Ceux qui pieusement sont morts pour la patrie,
Ont droit qu'à leur cercueil la foule vienne et prie.
Entre les plus beaux noms leur nom est le plus beau.
Toute gloire près d'eux passe et tombe éphémère;
Et, comme ferait une mère,

La voix d'un peuple entier les berce en leur tombeau!
Gloire à notre France éternelle!
Gloire à ceux qui sont morts pour elle!
Aux martyrs, aux vaillants, aux forts!
A ceux qu'enflamme leur exemple,
Qui veulent place dans le temple,
Et qui mourront comme ils sont morts.

(V. Hugo.)

I

LE LENDEMAIN DE LA VICTOIRE

Le Français est-il ou n'est-il pas colonisateur? Peut-être l'est-il plus qu'on ne le croit communément, et bien plus qu'il ne le croit lui-même. C'est dans notre tempérament; nous doutons de nos vertus, et, à force de nous dénigrer nous-mêmes, nous finissons par croire beaucoup trop de mal de nous.

Ce préjugé, et c'est là le moindre mal, révèle une grande ignorance de notre passé, implique une méconnaissance du présent, et inspire d'injustes défiances pour l'avenir, quand il ne va pas jusqu'à décourager les bonnes volontés.

Oui, le Français est colonisateur. Il a colonisé sous Richelieu, sous Colbert, sous Louis XV, dans des conditions glorieuses que nous n'avons pas à redire ici. Et lorsque des traités désastreux lui eurent fait perdre ses colonies, il s'est remis à l'œuvre. Avec une persévérance, une opiniâtreté qui pourraient au besoin témoigner de sa vocation, il s'est créé un nouvel empire colonial encore plus beau que l'ancien.

N'est-ce pas Paul Bert qui disait : Nous sommes une race active, bienveillante, habile à nous attacher les vaincus, plus apte à produire qu'à détruire ; nous savons coloniser, civiliser les pays conquis, sans anéantir les races qui s'y trouvent ? »

Nous savons également nous attacher nos colonies par une fidélité à toute épreuve. Elles n'ont jamais fait, comme d'autres, une guerre d'indépendance et, jusqu'à la dernière extrémité, elles ont lutté, versé leur sang pour garder la nationalité française. Celles qui nous ont été ravies ont gardé le culte, les mœurs, le langage, l'amour de la mère-patrie ; celles que nous avons pu garder sont françaises au même titre que les Français de France, font partie intégrante de la patrie !

Il y a de cet attachement des exemples caractéristiques ; je n'en citerai qu'un, celui du Canada.

Sans parler de sa résistance héroïque et de ses efforts surhumains pour ne pas se séparer de nous ; sans parler de ces Arcadiens que l'on ne parvint à soumettre qu'en les exterminant et en les transportant en masse loin de leurs foyers, un fait s'est passé récemment qui met bien en lumière l'héroïque fidélité de ceux qu'une soumission de près d'un siècle et demi à l'Angleterre n'a pu encore détacher de nous. Le voici :

Après la guerre de Crimée, pour la première fois depuis le traité de 1763, c'est-à-dire à peu près au bout d'un siècle, un navire de guerre français reparut sur le Saint-Laurent qu'il remonta jusqu'à Québec. Ce fut une joie délirante parmi les riverains des villes et des campagnes qui cependant ne nous connaissaient plus que par le récit des vieillards : « Nous venons, disaient-ils en montant en foule sur le pont de la frégate, nous venons voir les Français de France, *les gens de chez nous.* »

Les gens de chez nous ! Comme cette belle expression dit bien leur amour pour nous, toute leur fidélité, tout leur dévouement.

Il est difficile, en songeant au passé, de soutenir que nous ne sommes pas un peuple colonisateur.

On donne au même reproche une autre forme. Le Français conquiert, objecte-t-on; il ne colonise pas. Admirable soldat, colon timide, il ne sait pas organiser le lendemain de ses victoires. « Regardez l'Anglo-Saxon! » Regardons-nous d'abord. Madagascar nous offre un des exemples les plus réconfortants de toute notre histoire coloniale. Ce n'est pas trop de dire qu'après bien des tâtonnements le génie colonisateur de la France y a pris de lui-même une conscience qu'il n'avait pas encore. Sur les traces du général Gallieni, nous avons vu clair dans notre destinée. Il n'y a peut-être jamais eu de plus belle œuvre civilisatrice que l'œuvre accomplie en ces dernières années par ce gouverneur militaire dans une île rebelle, peu connue, travaillée d'une influence étrangère, peuplée de races inquiètes, sournoises et turbulentes.

Ce n'est pas d'hier que les Français ont paru à Madagascar. Richelieu, qui rêvait pour la France une marine toute puissante et de bons établissements coloniaux, octroyait en 1626 à une compagnie dite *Société de l'Orient* la concession, durant dix années, de Madagascar « pour y ériger colonies et commerce et en prendre possession au nom de Sa Majesté Très Chrétienne. » La presqu'île de Fort-Dauphin, au sud de l'île, garde des traces de cette première occupation. Nos troupes y sont encore logées dans le vieux fort qu'Etienne de Flacourt, un des directeurs de la Compagnie, éleva en 1648. Perdue, reprise, longtemps négligée, cette « colonie » nous offre l'exemple d'un pays dont les admirables ressources n'ont été mises en valeur que du jour où nous avons résolument entrepris d'y exercer notre action bienfaisante.

Dernier vestige d'un continent disparu, l'île de Madagascar a la forme d'un gros œuf allongé. Elle regarde d'un côté l'Afrique, de l'autre l'infini de l'Océan Indien. Ses rivages, souvent plats et marécageux, sont gardés par des barres dangeureuses ou des récifs de corail. Le climat est pénible au bord de la mer, sans pourtant qu'on ait à y redouter les terribles épidémies qui désolent d'ordinaire les pays des Tropiques. Il devient meilleur dès qu'on gravit les escaliers de végétation luxuriante qui mènent aux montagnes et aux plateaux dont se compose le massif central.

Si nous faisons la visite de l'île telle qu'elle était avant que l'occupation du général Gallieni l'eût transformée, si nous la parcourons comme le fit le général, nous aurons le spectacle d'un pays fertile, riche en productions diverses, propre à l'industrie et au commerce, mais réduit à l'impuissance par le manque de cultures, de voies de communication, l'insécurité et la redoutable tyrannie de peuplades perfides, décourageant nos plus intrépides colons.

Majunga en est un premier exemple. C'est le plus grand port de la côte occidentale. Etagée en amphithéâtre sur un fond de verdure, Majunga, avec ses maisons blanches aux portes massives ornées et sculptées, a un air de petite ville indo-arabe. Elle faisait déjà alors un important commerce de peaux, de cire, de caoutchouc, de viandes salées et d'or. Mais tout y trahissait une dangereuse et coupable incurie. Dans la ville, ni fontaine, ni source, seulement quelques mauvais puits d'une eau douteuse ; rien pour arrêter le progrès des affections paludéennes ; le village indigène, dont les cases formaient des groupes sales et compacts sous l'ombre des hauts tamariniers débordants sur la cité européenne ; un port excellent, mais qu'aucune voie frayée ne reliait à l'intérieur.

Même remarque si on suivait la côte. On y rencontrait des ports commodes, des terres qui se prêteraient merveilleusement aux exploitations agricoles, des rizières, des champs de cannes à sucre, des richesses forestières. Cocotiers, canneliers, manguiers, bananiers, les plus belles essences y croissent, et l'on y trouve d'excellents bois de charpente et d'ébénisterie ; le palétuvier, l'ébène, le palissandre. Voilà de beaux présents faits par la nature. Mais ici c'étaient les hommes qu'il fallait redouter. Tous les ans, à la fin de la saison des pluies, les Sakalaves du Ménabé attaquaient les villages, les pillaient, enlevaient femmes, enfants, troupeaux. Arrêtons-nous un peu devant cette tribu des Sakalaves, qui sera pour nous la plus rude à combattre et la plus difficile à réduire.

Les Sakalaves sont de parfaits brigands, paresseux, ivrognes, voleurs, considérant le pillage, le meurtre, comme des actes naturels de la vie.

Quelques-uns de leurs usages, qui sont fort curieux, montreront bien quelle était la brutalité toute primitive de cette peuplade barbare. Nous en empruntons le récit à la relation du voyage que fit le général Gallieni autour de l'île. Voici comment on procédait au couronnement d'un roi :

« Le premier ministre, gardien des reliques sacrées, coupe la première phalange du petit doigt de la main droite du roi défunt et lui enlève une canine, puis dépose ces reliques dans un sachet brodé. Près des demeures des rois Sakalaves s'étend d'ordinaire un marais ou un lac habité par des caïmans sacrés. A cette occasion, on en saisit un, on le ligotte étroitement, on lui ouvre prudemment la gueule où l'on jette incontinent une citrouille bouillante qui lui déchaussera les dents. On lui en arrache une que l'on enferme dans le précieux sachet, lequel est déposé dans une grande malle en fer. Le jour fixé pour le couronnement, les chefs et le peuple se rassemblent. La malle est ouverte en présence du nouveau roi et l'on en tire les sachets des anciens couronnements, un par un, en commençant par le plus ancien. Ces reliques sont étalées sur une planche horizontale supportée par deux piquets fichés en terre. Alors le roi se lève, brandit son sabre et sa sagaïe et jure sur ces saintes reliques de défendre, même au péril de sa vie, l'intégrité du territoire qu'il tient de son peuple et de ses ancêtres.

» Les funérailles donnent lieu à d'importantes cérémonies. Le cadavre, enveloppé d'un *lamba* de soie rouge, enseveli dans un treillage de branches, recouvert d'un drap blanc, reste exposé jusqu'au lendemain. Pendant la journée, les parents du défunt, en pleurs, les cheveux épars, reçoivent les visites de tout le village; chacun leur apporte un peu d'argent pour payer une part du *lamba*. Au dehors, des gens armés de fusils brûlent de la poudre en l'honneur du mort, et le cadavre est éventé sans cesse pour que les mauvais esprits n'en puissent approcher. Mais peu à peu, à la tombée de la nuit, sous l'influence de l'alcool, les chants funèbres deviennent, de graves et monotones qu'ils étaient, âpres et stridents; les voix s'éraillent, les cerveaux s'échauffent, la veillée mortuaire dégénère en orgie. Au jour naissant, on se met en route. Quatre hommes portent le cadavre sur une civière; les parents, tous les amis l'accompagnent et sur tout le trajet les fusils lancent leur pétarade. On immole sur la tombe des bœufs dont la graisse est recueillie dans une marmite de fonte, puis on la répand toute fondue afin qu'en s'évaporant elle emporte avec elle les âmes des bœufs sacrifiés qui serviront de cortège à celle du mort. Enfin une espèce de punch allumé dans une bassine élèvera ses vapeurs jusqu'au nouveau séjour du chef et lui en facilitera l'entrée.

» Les Sakalaves ont une absolue confiance en leurs sorciers, leurs *Sikidy* ou leurs *Ombia*. Ce sont les sorciers qui inspirent et dictent les ordres au roi, les plus insignifiants comme les plus terribles. Ce sont eux qui, pour conjurer des catastrophes, prescrivent de mettre à mort tous les enfants nés un jeudi ou tous les canards mâles de la contrée, ou d'enterrer vivants deux jeunes gens près de la tombe des anciens rois. Et ces ordres sont exécutés.

De Tulléar au cap Sainte-Marie et à Fort-Dauphin, la côte encore inexplorée était sauvage, inhospitalière. Même à Fort-Dauphin le colon ne pouvait trouver aucune sécurité. Autour de ces vieux remparts couverts de mousse s'agitaient des peuplades insoumises, les Antonosy.

La côte orientale de l'île est la plus fertile. Mais on n'avait rien fait pour mettre à profit les admirables ressources du sol.

Ici, rien à craindre de l'homme. Les populations sont paisibles, douces, en général paresseuses. Chez les Betsimisaraka, les jeunes femmes, vêtues de jupes d'indienne claire, de châles roses ou bleues, coiffées de chapeaux en paille de forme bergère rappellent — d'un peu loin — aux voyageurs indulgents, la Virginie de Bernardin de Saint-Pierre. Les Antaïmoro, laborieux, sobres, économes, tiennent à l'argent et cultivent de vastes rizières. Dès que leurs rizières sont ensemencées, ils vont s'engager sur des points très éloignés de leur pays, à Diégo-Suarez par exemple. Ils font d'excellents terrassiers. Ce sont les Auvergnats de Madagascar, pacifiques, dociles, mais susceptibles et lunatiques; il faut les traiter avec douceur, ne point les froisser dans leurs mœurs et leurs croyances. Une fois son pécule amassé, l'Antaïmoro revient au pays natal. Il emploie invariablement ses économies à acheter une marmite en fonte qu'il rapporte au village. Un nombre élevé de marmites dans la maison d'un Antaïmoro indique une réelle aisance en même temps qu'il révèle un individu travailleur. Voilà de braves gens.

L'incomparable fécondité qui règne sur cette côte est due à la chaleur et aux pluies. Elles sont si abondantes que les les résidents ont divisé l'année en deux saisons : la saison des pluies et... la saison pluvieuse. Tout le littoral se prête aux cultures tropicales, café, cacao, vanille, et à la grande colonisation. Malheureusement il ne s'y trouvait aucun port, aucune rade. De Fort-Dauphin à Tamatave, point d'abri sûr, ni de refuge facile dans ces parages où la mer déferle avec furie, où les bancs sont étrangements périlleux. La circulation par terre était à peine moins difficile; on en était réduit à traverser sur de simples pirogues les embouchures des fleuves et des rivières qui sillonnent le pays.

La région intermédiaire entre la côte et les plateaux du centre aurait pu, elle aussi, attirer les colons; mais il n'y avait point de routes, la construction des routes exigeant dans ces pays accidentés des terrassements considérables, des ouvrages d'art capables de résister aux crues extrêmement rapides des rivières.

Aussi ne tirait-on aucun parti de la fertilité du sol. A peine y trouvait-on quelques plantations de café, et une distillerie de cannes à sucre.

Et quel spectacle s'offrit aux yeux du général quand il arriva à Tamatave! Quel champ propice à l'éclosion de toutes les maladies contagieuses! Réprésentez-vous une agglomération, un fouillis de mauvaises cases en bois entassées sans alignement dans le sable et la verdure, sans air ni eau, quelquefois noyées dans un fond marécageux, presque toujours en contact direct avec le sol. L'air n'y circule point. Et dans ces cases, — à l'exception des Européens et de quelques créoles aisés — une population misérable, Malgaches, Asiatiques, errant à peine vêtue, encore moins nourrie, ignorante de toute espèce d'hygiène, croupie sur un sol constamment souillé par toutes les déjections, toutes les ordures.

Pour pénétrer dans l'intérieur et arriver à Tananarive, capitale des Hovas, maîtres de l'île, il n'y avait qu'une seule route, disons mieux, un seul sentier qui, parti de Tamatave, longeait la crête des montagnes. Le prix du voyage s'élevait à la somme énorme de cinq cents francs; le transport de la tonne de marchandises allait de sept cent cinquante à treize cents francs.

Ici, le pays est montagneux, boisé, coupé de torrents. La faune sauvage de Madagascar n'est pas effrayante. Les serpents y pullulent, mais les naturalistes n'en ont pas encore découvert une espèce venimeuse. Il est vrai que le crocodile garde jalousement les fleuves, les rivières vaseuses, les étangs, les moindres cours d'eau. Il inspire aux Malgaches une terreur superstitieuse. Il est leur animal légendaire, comme le lion pour les Arabes, l'éléphant pour les Indous. Au moment de passer une rivière, le Malgache ne se contente pas de battre des mains afin de le mettre en fuite, il lui tient un petit discours : « Je ne médis pas de toi, mon vieux, mais je te demande ta bénédiction pour passer. » Les dents du caïman sont très longues ; on en fait des amulettes qui détruisent les sortilèges. Si terrible soit-il, on ne court pas plus de risque à Madagascar d'être dévoré par un crocodile qu'à Paris d'être écrasé par une voiture. Et il est encore moins redoutable que le moustique qui vous assiège, vous enveloppe, vous harcèle, vous affole, vous épuise. Et le moustique y est moins dangereux que l'homme, et de tous les hommes qui habitent Madagascar, il n'en est pas qui soit plus perfide que celui qu'on nomme tantôt Antimerina et tantôt Hova. C'est ce dont on est vite convaincu dès qu'on a mis le pied sur le plateau de l'Imérina, et vu Tananarive, la ville aux cent collines, dont les maisons, enduites d'un crépi rouge brun, ont l'air d'être en chocolat.

Ses édifices, le palais de la Reine, le palais de Justice, ses temples protestants, son église catholique, ses fonctionnaires habillés à l'Européenne, ses dignitaires en chapeau haut de forme, tout dénote chez ce peuple une rare faculté d'assimilation. Mais sous ces beaux semblants de civilisation que de cruauté primitive, que de barbarie ! Tout le monde sait que le premier ministre, le mari de la Reine, a empoisonné presque tous ses fils, assassiné le roi Radama II, commis une longue série de crimes. Le protestantisme est décrété religion d'Etat ; mais on n'en consulte pas moins les sorciers ; on n'en vénère pas moins les fétiches et les amulettes.

Les Hovas, tribu malaise qu'un naufrage jeta, paraît-il, sur la côte de Madagascar, sont les derniers venus dans l'île. Après avoir eu maille à partir avec les habitants du littoral, ils s'étaient retirés vers l'intérieur, en quête d'une terre plus paisible et d'un climat plus salubre. Ils avaient rencontré l'un et l'autre au centre même du pays, s'y étaient fixés, multipliés, et plus tard avaient guerroyé contre les tribus voisines pour s'emparer de leurs troupeaux et de leurs terres.

Intelligents, d'une intelligence vive et superficielle, naturellement imitateurs, les Hovas offrent de frappantes analogies avec les Javanais et les Philippins, et même les Japonais, si prompts à adopter les usages étrangers. Ils n'ont aucune idée de justice terrestre ou supra-terrestre. Rendre l'existence d'ici-bas plus agréable par tous les moyens possibles, telle est la seule philosophie du Hova, telle est son unique morale.

Il croit vaguement à un Esprit du bien, mais il réserve ses hommages et ses sacrifices au Génie du mal. C'est plus pratique. Les morts deviennent de bons ou de malins Esprits qui ensorcellent ou qui protègent spécialement leur famille, leur peuple, leurs vassaux. Le Hova honore surtout les tombeaux des Vazimba qui furent, croit-il, les premiers occupants de Madagascar, ou, pour mieux dire, les tas de pierres dédiés à leur mémoire. Il y ajoute pieusement des douzaines de cailloux ; il en interroge les blocs parlants qui résonnent sous les coups répétés et rendent des oracles. Il est persuadé que, dans un avenir plus ou moins lointain, ces Vazimba, les premiers occupants de l'île, rentreront en maîtres dans cette contrée que gardent les âmes de leurs aïeux.

Après 1815, c'est-à-dire après notre grand démembrement colonial, des Français de la Réunion et quelques autres de la métropole tentèrent de relever notre colonie de Madagascar. Mais le gouverneur de l'île Maurice, sir Farquhar, prit à tâche de faire échouer tous nos projets de colonisation. Il imagina de choisir, parmi les tribus de l'île, une tribu plus docile, plus intelligente, de l'aider contre ses ennemis du dedans, de la

Ranavalo (ex-reine de Madagascar).

2

soutenir contre ses ennemis du dehors et par elle d'assujettir toute l'île à l'influence anglaise.

Farquhar n'hésita pas ; il choisit les Hovas.

Nous eûmes le tort d'admettre la suprématie absolument illusoire des Hovas. Nous leur demandions de nous céder des territoires qui ne leur appartenaient pas et nous reconnaissions leur souverain comme chef de l'île entière.

Notre expédition de 1885, provoquée par la mauvaise foi et les crimes des Hovas, aboutit purement et simplement à la reconnaissance officielle de notre protectorat. La Reine fut nommée bientôt grand-cordon de la Légion d'honneur, le premier ministre, un des assassins de Radama II, commandeur. Chaque année, des présents arrivaient de France : pendules, objets d'art, vases de Sèvres. Nous adressions à Sa Gracieuse Majesté un manteau royal en velours rouge brodé d'hermine. Enfin en 1892, on leur donnait une batterie de canons de campagne. Et pendant que notre résident général obtenait à grand'peine le droit de s'asseoir au Palais d'Argent, les agents britanniques, accrédités officiellement auprès du gouvernement hova, continuaient à diriger cette peuplade au mieux de leurs intérêts.

C'était un étrange palais que ce Palais d'Argent et la cour de la reine de Madagascar éclatait en contrastes imprévus. Il fallait la voir surtout à la grande fête du *Bain de la Reine*, fête nationale des Hovas. « Elle avait lieu, nous dit le docteur Catat, le 22 novembre, et pendant les cinq jours qu'elle durait, on ne pouvait mettre à mort aucun quadrupède ; les parents brouillés, les époux séparés devaient se réconcilier.

» C'est à minuit que commence la fête proprement dite. Dans la grande salle du Palais d'Argent, sur un trône adossé au mur et tapissé de velours rouge, la Reine, en robe de coupe européenne, s'enveloppe d'un grand *lamba* rouge. Assis à ses côtés, la taille serrée dans un dolman de satin blanc, en culotte courte, des jarretières enrubannées sur ses bas blancs, chaussé de brodequins en cuir jaune, les vêtements soutachés d'or, le premier ministre manie un sabre recourbé dont le fourreau en cuir noir incrusté d'or pend à sa gauche, soutenu par un énorme baudrier doré. Devant la souveraine, les principaux représentants de la noblesse et des bourgeois sont accroupis sur leurs talons, vêtus pour la plupart en Européens, mais recouverts du *lamba* national. Le premier ministre prononce un long discours. Sa Majesté, qui s'ennuie, chique pour se distraire, et les dames d'honneur lui présentent un vase d'argent, où elle crache à tout moment.

» La baignoire royale se trouve dans un coin de la salle, entourée d'un rideau rouge. La Reine s'y dissimule et, juste à ce moment, éclatent des salves d'artillerie qui annoncent dans toute la province la purification de la souveraine. Elle reparaît bientôt ; elle a quitté son *lamba* rouge et se fait voir, parée de quelques bijoux, dans sa robe européenne. Elle reprend place sur son trône ; elle asperge ses principaux sujets de l'eau du bain qu'on lui apporte dans une corne de bœuf montée sur argent et mange enfin le premier riz de l'année. »

Et voilà le peuple que nous prenions au sérieux ! Voilà les hommes que nous considérions comme nos fondés de pouvoir !

En 1895, nouvelle expédition, nécessitée par la violation des traités et les dangers tous les jours plus grands que courait la vie de nos nationaux.

Malgré le ciel, malgré la nature, le général Duchesne arriva sous les murs de Tananarive et la ville se rendit après trois quarts d'heure de bombardement. Mais le nouveau traité que nous signâmes ne fit encore que consacrer notre protectorat ! Nous laissions le pays livré à l'administration de la reine. Aussi, en 1896, l'insurrection était-elle générale. Les communications entre Tananarive et Tamatave étaient constamment interrompues. Les cultures étaient abandonnées ; le mot d'ordre était de laisser les rizières en friche afin de provoquer la famine et de forcer ainsi plus sûrement les Français à évacuer le pays. Les Sakalaves, rebelles à toute autorité, profitaient du banditisme encouragé par les gouverneurs hovas pour saccager les campagnes. Chaque soir, de Tananarive, on apercevait la lueur des feux détruisant les villages. La reine, le premier ministre, la cour excitaient sous main la rébellion.

Ainsi les efforts déployés dans la campagne de 1895, tant d'argent et de sang perdu demeuraient stériles. Tout semblait remis en question.

C'est alors qu'arrive le général Gallieni. Un pays sans routes, sans cultures, ravagé par les incursions de peuplades barbares, une colonie où la révolte était entretenue soigneusement contre nous; voilà ce qu'il trouvait. A force d'ingéniosité, de persévérance, et tout à la fois d'énergie et d'humanité, il va pacifier le pays, y assurer la sécurité, l'ouvrir à la culture, y préparer l'installation de colons qui y trouveront d'admirables ressources à exploiter. En le suivant à l'œuvre, nous assisterons à une complète transformation du pays, enfin conquis à la civilisation. Admirable triomphe de la méthode. Cette méthode toute française, où nous avons mis des qualités qui sont bien à nous, fait honneur à l'homme qui y a attaché son nom et doit inspirer confiance à la nation qui lui a donné l'expression particulière de son génie colonisateur.

II

LE GÉNÉRAL GALLIENI

Gallieni (Joseph-Simon), officier et explorateur français, est né le 24 avril 1849.

Sorti de Saint-Cyr, comme sous-lieutenant, le 15 juillet 1870, il fut attaché au 3e régiment d'infanterie de marine, et devint lieutenant en 1873, capitaine en 1878.

Envoyé en garnison au Sénégal, ils seconda de tous ses efforts la politique d'expansion inaugurée par le général Faidherbe, alors qu'il gouvernait notre colonie sénégalienne.

En 1879, M. Gallieni fit une première expédition le long des rives du fleuve ; mais c'est sa mission au Niger (1880-1881) qui l'a rendu justement célèbre.

Désireux d'établir des relations amicales avec les populations indigènes dont le chemin de fer du Sénégal au Niger doit traverser le territoire, le ministre de la marine chargea, au commencement de l'année 1880, M. Gallieni d'une mission dont le but final était de porter à Ahmadou de Ségou, le chef le plus puissant de la région, des présents considérables.

M. Gallieni était accompagné des lieutenants Piétri et Vallière, et des docteurs Toutain et Bayol ; ce dernier, arrivé à Bamakou, devait y résider comme représentant du gouvernement français.

Partie de Saint-Louis le 30 janvier, la mission Gallieni, composée de 132 hommes, remonta le Sénégal et arriva à la fin de février à Bakel, où elle se compléta. Elle passa à Médine et à Bafoulabé, reçut un bon accueil des gens du pays de Kita, où elle signa un traité avec le chef régnant, et fut attaquée près du village de Dio, par les Bambarras, ennemis acharnés d'Ahmadou (11 mai).

On dut abandonner le convoi et on se retira, tout en combattant, vers le Niger, sur les bords duquel on arriva le 12 mai, n'ayant pas mangé depuis trente heures.

A Bamakou, on trouva la population mal disposée. Aussi le docteur Bayol fut-il chargé de regagner Saint-Louis pour informer le gouverneur du Sénégal de l'attaque de Dio.

« Pendant que le docteur Bayol descendait le Sénégal, dit M. E. Guillot, le capitaine Gallieni traversait le Niger et, après une marche de cinq jours le long de la rive droite du fleuve, se dirigeait vers Ségou-Sékoro. Ahmadou, le voyant arriver les mains vides, ne reçut pas immédiatement la mission et lui assigna une résidence près du Niger, dans les environs de la capitale.

Après de longs pourparlers, il consentit à signer un traité qui approuvait nos actes et nous accordait l'autorisation, à l'exclusion des autres nations, de faire le commerce sur le haut Niger. »

Ces négociations durèrent dix mois, et c'est seulement le 21 mars 1881 que le capitaine reprit la route de Saint-Louis. La Société de géographie de Paris lui décerna une médaille d'or.

Promu chef de bataillon en 1882 et lieutenant-colonel le 24 juin 1886, M. Gallieni a été nommé commandant supérieur du haut Sénégal.

On lui doit un remarquable ouvrage, intitulé : *Mission d'exploration du haut Niger; voyage au Soudan français* (1885, in-8°, avec deux cartes et quinze plans).

Les états de service qu'on vient de lire ont leur éloquence. Il avait été bien préparé à sa nouvelle tâche, le soldat qui venait succéder à M. Laroche. Et quels principes sûrs il apportait, qui le dirigeraient et qu'il avait déjà appliqués à plusieurs reprises. Mais laissons lui la parole à lui-même : mieux que je ne saurais le faire, il nous exposera sa méthode, et cette méthode est la bonne, comme nous le verrons plus loin, puisqu'elle a déjà produit les plus heureux fruits. Les pages qu'on va lire sont empruntées au dernier ouvrage du général : *Trois colonnes au Tonkin :*

PRINCIPES DE PACIFICATION ET D'ORGANISATION

1° *L'organisation administrative d'un pays doit être parfaitement en rapport avec la nature de ce pays, de ses habitants et du but que l'on se propose;*

2° *Toute organisation administrative doit suivre le pays dans son développement naturel.*

C'est en vertu de ces deux principes absolument généraux que telle méthode, bonne à employer en telle région, est déplorable en telle autre; que tels procédés administratifs, excellents aujourd'hui en raison de l'état de choses existant, seront à rejeter quelques mois après, si des événements quelconques modifient la situation des contrées où ils sont appliqués. Rien ne doit être plus souple, plus élastique, que l'organisation d'un pays dont l'évolution s'opère sous l'impulsion des agents énergiques que la civilisation et la colonisation européenne mettent en œuvre. C'est au bon sens et à l'initiative des commandants territoriaux en contact direct avec ces populations, que l'administration supérieure doit faire appel pour l'éclairer sur les symptômes révélateurs des changements dans l'état moral et politique des provinces dont ils ont la garde et la surveillance. A toute évolution politique et économique, doit correspondre une évolution administrative.

Le meilleur moyen pour arriver à la pacification, avec les ressources restreintes dont nous disposons en général aux colonies, est d'employer l'action combinée de la force et de la politique. Il faut nous rappeler que, dans les luttes coloniales que nous impose trop souvent, malheureusement, l'insoumission des populations, nous ne devons détruire qu'à la dernière extrémité et, dans ce cas encore, ne ruiner que pour mieux bâtir. Toujours, nous devons ménager le pays et ses habitants, puisque celui-là est destiné à recevoir nos entreprises de colonisation future et que ceux-ci seront nos principaux agents et collaborateurs pour mener à bien ces entreprises. Chaque fois que les incidents de guerre obligent l'un de nos officiers coloniaux à agir contre un village ou un centre habité, il ne doit pas perdre de vue que son premier soin, la soumission des habitants obtenue, sera de reconstruire le village, d'y créer immédiatement un marché et d'y établir une école. Il doit donc éviter avec le plus grand soin toute destruction inutile.

C'est l'action combinée de la politique et de la force qui doit avoir pour résultat la pacification du pays et l'organisation primitive à lui donner tout d'abord.

Action politique. — L'action politique est de beaucoup la plus importante ; elle tire sa plus grande force de la connaissance du pays et de ses habitants ; c'est à ce but que doivent tendre les premiers efforts de tout commandant territorial. C'est l'étude des races qui occupent une région, qui détermine l'organisation politique à lui donner, les moyens à employer pour sa pacification. Un officier qui a réussi à dresser une carte ethnographique suffisamment exacte du territoire qu'il commande est bien près d'en avoir obtenu la pacification complète, suivie bientôt de l'organisation qui lui conviendra le mieux.

Toute agglomération d'individus, race, peuple, tribu ou famille, représente une somme d'intérêts communs ou opposés. S'il y a des mœurs et des coutumes à respecter, il y a aussi des haines et des rivalités qu'il faut savoir démêler et utiliser à notre profit, en les opposant les unes aux autres, en nous appuyant sur les unes pour mieux vaincre les secondes.

Il n'est pas moins important de chercher et de trouver les raisons qui déterminent certains soulèvements, certains mouvements généraux des populations contre nous.

C'est le plus souvent de la méfiance à notre égard, une répulsion instinctive à admettre la présence des Européens comme chefs, méfiance et répulsion exploitées par des factieux qu'aiguillonnent l'ambition ou les intérêts personnels. Frapper à la tête et rassurer la masse égarée par des conseils perfides ou des affirmations calomnieuses, tout le secret d'une pacification est dans ces deux termes.

En somme, toute action politique doit consister à discerner et mettre à profit les éléments locaux utilisables, à neutraliser et détruire les éléments locaux non utilisables.

L'élément essentiellement utilisable sera, avant tout, le peuple, la masse travailleuse de la population, qui peut, momentanément, se laisser tromper et entraîner, mais que ses intérêts rivent à notre fortune et qui sait bien vite le comprendre, pour peu qu'on le lui indique et qu'on le lui fasse sentir.

L'élément essentiellement nuisible est formé par les chefs rebelles ou insoumis, autour desquels il faut faire le vide, en ruinant leur prestige par tous les moyens possibles, politiques et militaires, par des coups répétés et incessants, jusqu'à leur disparition ou leur soumission complètes.

Il y a, enfin, deux éléments douteux :

1° Le chef indigène, à surveiller de près, à contrôler dans tous ses actes que commandent quelquefois une cupidité insatiable et des intérêts personnels. Quels que soient ses inconvénients, quels que soient les embarras qu'il peut nous causer, il vaut mieux, en général, conserver ce fantôme de pouvoir, auquel l'indigène est plus habitué et derrière lequel nous pouvons manœuvrer plus à l'aise. Un peu de discernement dans son choix, un peu d'habileté à savoir exciter chez lui l'amour-propre et l'ambition, en feront même quelquefois un auxiliaire non à dédaigner ;

2° Toute la catégorie des gens autrefois au pouvoir et que notre présence ruine, en tant, du moins, qu'élément politique, et longtemps encore ils dissimuleront, sous des dehors soumis et flatteurs, une rancune au profit de laquelle ils exploiteront nos moindres faiblesses. Une police bien faite et une sage fermeté les tiendront en respect.

Action par la force. — Tout mouvement de troupes en avant doit avoir pour sanction l'occupation effective du terrain conquis. Ce principe est absolu.

L'action par la force se comprend sous deux formes : l'action lente et l'action vive.

La première, la plus préconisée et certainement la plus efficace, consiste dans l'occupation, dès le début, par des postes permanents des centres politiques, des points d'où nos adversaires tirent leurs approvisionnements, des voies de communication.

Le reste du pays est nettoyé progressivement, soit par de petites opérations militaires, soit même, et surtout, par la population ralliée à nous et armée, soutenue et ravitaillée en munitions par nos soins. Elle a, pour points d'appui, des postes provisoires qui sont successivement reportés en avant à mesure que l'épuration progresse ; elle est stimulée dans son zèle par des expédients faciles à trouver : des mises à prix de fusils, des récompenses pour les soumissions obtenues, etc. C'est la méthode de la tache d'huile. On ne gagne du terrain en avant qu'après avoir complètement organisé celui qui est en arrière.

Ce sont les indigènes insoumis de la veille qui nous aident, qui nous servent à gagner les insoumis du lendemain. On marche à coup sûr et le dernier poste occupé devient, tout d'abord, l'observatoire d'où le commandant du cercle, du secteur, du district, examine la situation, cherche à entrer en relations avec les éléments inconnus qu'il a devant lui, en utilisant ceux qu'il vient de soumettre, détermine les nouveaux points à occuper et prépare, en un mot, un nouveau progrès en avant. C'est la méthode qui ménage le plus le pays et les habitants, et qui prépare le mieux la mise sous notre influence de ces nouveaux territoires. Elle exige, de la part de nos officiers, un ensemble de rares qualités: initiative, intelligence et activité, pour ne laisser échapper aucune occasion de prendre pied dans les contrées encore inconnues et insoumises; prudence, calme et perspicacité, pour éviter tout échec, qui porte toujours un tort considérable à notre prestige et pour savoir discerner ceux des éléments adverses qu'ils peuvent utiliser pour les nouveaux progrès à accomplir.

Les zones pacifiées reçoivent immédiatement une organisation administrative; elles sont tenues et surveillées par des troupes régulières d'abord, puis, quand le calme est bien rétabli, par de la milice ou simplement des partisans armés; enfin, quand tout danger a disparu, on peut et l'on doit faire rentrer les armes prêtées aux populations qui n'en ont plus que faire.

L'action vive est l'exception : c'est l'action des colonnes militaires. Elle ne doit être mise en œuvre que contre des objectifs bien déterminés, où il y a à faire œuvre de force, la force étant la caractéristique des colonnes ; leur durée, à moins de cas de force majeure, ne doit pas dépasser trois mois ; au delà, les troupes s'épuisent, les effectifs fondent. L'organisation de ces colonnes varie suivant le but à atteindre : en principe, elles doivent comprendre, comme on a pu le voir, un noyau de troupes européennes renforcées par des troupes indigènes, puis, chaque fois qu'il sera possible, des groupes de partisans qui ne représentent pas un élément bien sérieux de résistance, mais sont utilisables pour éclairer et poursuivre.

Les colonnes, je le répète, doivent être absolument exceptionnelles et employées seulement contre des rassemblements nombreux et dangereux, fortifiés dans des repaires, forêts, cirques, d'où ils menacent la sécurité des régions environnantes et empêchent la soumission et l'obéissance des populations hésitantes, qui n'attendent que la destruction de ces bandes pour reconnaître notre influence ; les trois exemples que j'ai donnés sont typiques.

Action politique et action de force sont les deux principaux agents de la première période d'une occupation ou d'une conquête. Si leur combinaison réussit, une deuxième période s'ouvre aussitôt : la période d'organisation, qui a recours à un troisième facteur, l'action économique.

Action économique. Organisation. — Au fur et à mesure que la pacification s'affirme, le pays se cultive, les marchés se rouvrent, le commerce reprend. Le rôle du soldat passe au second plan, celui de l'administrateur commence. Il faut, d'une part, étudier et satisfaire les besoins sociaux des populations soumises ; favoriser, d'autre part, l'extension de la colonisation qui va mettre en valeur les richesses naturelles du sol, ouvrir des débouchés au commerce européen.

Ce sont là, semble-t-il, les deux conditions essentielles du développement économique d'une colonie ; elles ne sont nullement contradictoires. L'indigène, en général, n'a que fort peu de besoins. Il vit dans un état voisin de la misère, qu'il est humain de chercher à améliorer ; mais, le nouveau mode d'existence que nous lui ferons adopter, en créant chez lui des besoins qu'il n'avait pas, nécessitera de sa part des ressources qu'il n'a pas davantage et qu'il lui faudra trouver ailleurs. Il faudra donc qu'il surmonte sa paresse et se mette résolument au travail, soit en faisant revivre des industries languissantes, soit en augmentant ses cultures et en adoptant pour elles des méthodes plus productives, soit en prêtant aux colons européens le concours de sa main-d'œuvre.

Il rentre dans le rôle de nos commandants territoriaux de créer des écoles professionnelles, où l'indigène se perfectionnera dans son métier par l'étude et l'application des moyens que l'expérience et la science nous ont acquis ; d'installer des fermes-modèles, où il viendra se rendre compte des procédés de culture plus féconds que nous employons et qu'il ignore ; d'encourager la reprise des industries nationales, en facilitant l'établissement des premières fabriques qui s'organiseront et en les subventionnant au besoin ; de créer des marchés francs de tous droits d'abord et qui ne seront imposés que dans la suite, très progressivement, etc.

Il se produira, infailliblement, une augmentation de richesse dans le pays avec, comme conséquence naturelle, un besoin de bien-être, de luxe même, que le commerce européen saura mettre à profit. Il trouvera, dans les produits nouveaux de l'activité que nous aurons ainsi créée, des articles d'exportation qui lui manquent un peu aujourd'hui dans nos colonies et, en tout cas, des ressources locales qui font le plus souvent défaut.

Il serait exagéré de mettre en vigueur des lois somptuaires dont l'application serait délicate et dont le principe est contraire à nos idées libérales et égalitaires ; mais il n'y a aucun inconvénient à engager les chefs sous nos ordres à adopter nos vêtements et nos coutumes, à inciter leurs femmes à se débarrasser des oripeaux qu'elles affectionnent souvent, pour se vêtir à l'européenne avec des costumes d'origine française. La vanité et l'esprit d'imitation des indigènes seront, en général, assez puissants pour faire le reste.

La colonisation agricole sera heureuse, d'autre part, d'avoir des agents et des ouvriers rompus à nos méthodes. Nous lui préparerons les voies en déterminant à l'avance les périmètres de colonisation, en lui fournissant la main-d'œuvre par tous les moyens en notre pouvoir, par l'application large et bien entendue des lois sur le travail, que chaque colonie devra rédiger suivant les mœurs de ses habitants et les efforts qu'elle attend d'eux.

A tous la tâche sera facilitée par la connaissance de notre langue, que les indigènes auront acquise dans nos écoles. Un enseignement bien compris et bien dirigé fera, de la génération qui suivra celle qui a subi la conquête, une population qui nous sera toute dévouée et accessible à toutes nos idées.

Le développement progressif du réseau routier ne fera qu'aider à ce résultat.

D'autre part, les commandants territoriaux devront comprendre leur rôle administratif de la façon la moins formaliste. Les règlements, surtout aux colonies et en matière économique, ne posent jamais que des formules générales, prévues pour un ensemble de cas, mais inapplicables parfois au cas particulier. Nos administrateurs et officiers doivent défendre, au nom du bon sens, les intérêts qui leur sont confiés, et non les combattre au nom du règlement.

L'organisation administrative laissera toujours la plus complète initiative aux délégués de l'autorité supérieure. Ils ont toute liberté dans le choix des moyens à employer, mais gardent aussi toute la responsabilité des résultats obtenus. En centralisant dans leurs mains les pouvoirs civil, militaire et judiciaire, on met à leur portée les éléments d'action indispensables à tout administrateur énergique et intelligent.

Dans les territoires militaires, une surveillance plus délicate à exercer fractionne les contrées à peine rentrées dans l'ordre en zones restreintes. Le secteur devient l'unité du commandement. Son rôle, le rôle des commandants de cercle et de territoire, dont l'action régulatrice fait converger vers le même but les efforts des commandants de secteur, sont en premier lieu des rôles presque exclusivement militaires. Le soldat se montre d'abord soldat, emblème de la force nécessaire pour en imposer aux populations encore insoumises ; puis, la paix obtenue, il dépose les armes ; il devient administrateur, sans perdre de vue, toutefois, qu'il se trouve au milieu de populations non encore franchement ralliées et qu'il a pour devoir strict de les surveiller étroitement, utilisant, à ce point de vue, le prestige moral que lui a procuré le succès de la conquête.

Ces fonctions administratives semblent incompatibles, au premier abord, avec l'idée que l'on se fait du militaire dans certains milieux. C'est là, cependant, le véritable rôle de l'officier colonial et de ses dévoués et intelligents collaborateurs, les sous-officiers et soldats qu'il commande. C'est aussi le plus délicat, celui qui exige le plus d'application et d'efforts, celui où il peut révéler ses qualités personnelles, car détruire n'est rien, reconstruire est plus difficile.

D'ailleurs, les circonstances lui imposent inéluctablement ces obligations. Un pays n'est pas conquis et pacifié quand une opération militaire y a décimé les habitants et courbé toutes les têtes sous la terreur qu'inspirent les procédés qu'elle est obligée d'employer. Le premier effroi calmé, il germera dans la masse des ferments de révoltes, que les rancunes accumulées par l'action brutale de la force multiplieront et feront croître encore. Tout au moins, il restera dans les esprits une méfiance instinctive, qu'il faut à tout prix calmer. Tant que cette méfiance existera, le régime civil sera prématuré : le conquérant seul est assez fort pour se permettre des actes de clémence que le peuple ne prendra pas pour de la faiblesse et qui le rallieront à nous. L'organisation des territoires militaires, avec sa surveillance étroite, est seule capable de fouiller assez profondément dans les bas-fonds pour en extirper les germes de rebellion qui pourraient y subsister.

Pendant cette période, les troupes n'ont plus qu'un rôle de police qui passe bientôt à des troupes spéciales, milice et police proprement dites ; mais il est sage de mettre à profit les inépuisables qualités de dévouement et d'ingéniosité du soldat français. Comme surveillant de travaux, comme instituteur, comme ouvrier d'art, comme chef de petit poste, partout où l'on fait appel à son initiative, à son amour-propre et à son intelligence, il se montre à hauteur de sa tâche. Et il ne faudrait pas croire que cet abandon momentané du champ de manœuvres soit préjudiciable à l'esprit de discipline et aux sentiments du devoir militaire. Le soldat des troupes coloniales est assez vieux, en général, pour avoir maintes fois parcouru le cycle des exercices et ne plus avoir grand'chose à apprendre dans les théories et assouplissemsnts auxquels on exerce les recrues de France. Les services qu'on réclame de lui, au contraire, entretiennent une activité morale et physique qui est décuplée par l'intérêt de la besogne qui lui est confiée.

En outre, en intéressant ainsi le soldat à notre œuvre dans le pays, on finit par l'intéresser au pays lui-même. Il observe, il retient, il calcule même et souvent, au moment de sa libération, il sera décidé à mettre en valeur quelque coin de terre, à utiliser dans la colonie, les ressources de son art, à la faire bénéficier, en un mot, de son dévouement et de sa bonne volonté. Il devient un des plus sérieux éléments de la petite colonisation, complètement indispensable de la grande. Dans toutes nos colonies, de nombreuses demandes de nos soldats se sont produites dans ce sens. Elles sont à favoriser et à encourager.

Tels sont, sommairement exposés, les principes qui m'ont toujours guidé; la méthode a fait ses preuves au Soudan, au Tonkin et à Madagascar. C'est, je crois, celle qui sait tirer le meilleur parti des qualités de chacun et sait exciter l'amour-propre du dernier des soldats, auquel elle confie une tâche et laisse une responsabilité.

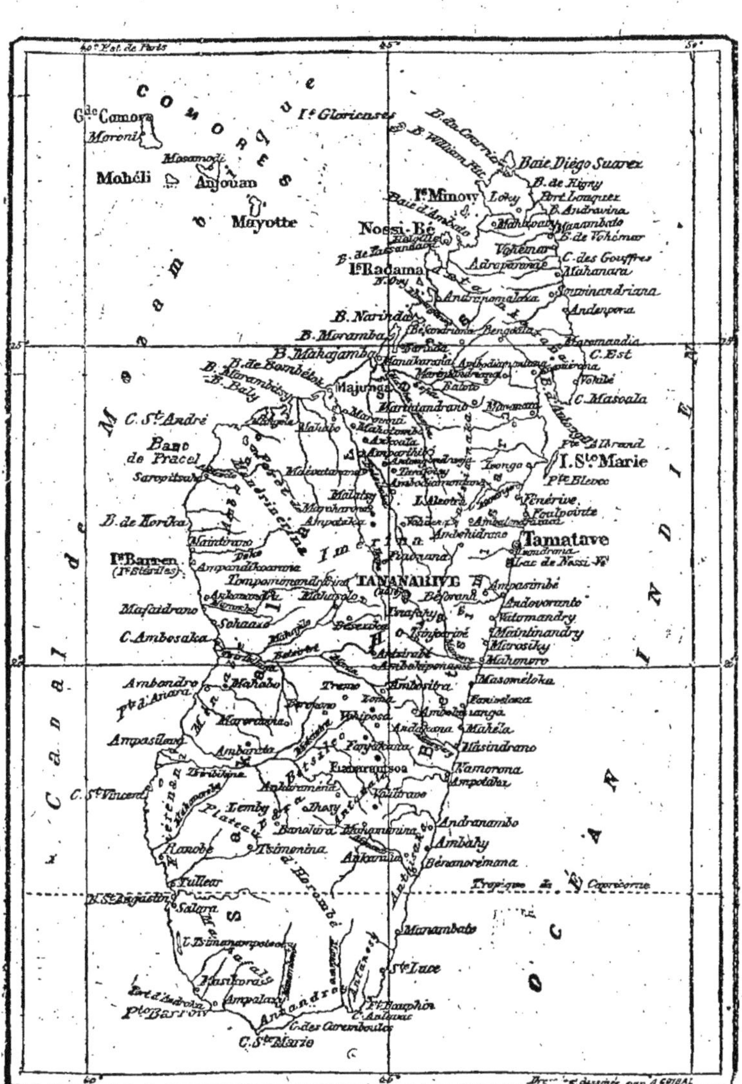

Carte de Madagascar.

Que si vous voulez maintenant faire une plus ample reconnaissance avec celui qui allait apporter à l'île de Madagascar les avantages d'une civilisation plus avancée, lui donner les moyens de mettre en valeur ses propres ressources, de connaître la paix et la prospérité, de s'ouvrir au commerce, lisez le portrait suivant tracé de lui par un journaliste.

Le général Gallieni est un homme de quarante-six ans, grand, mince, d'allure finement robuste, de figure assez singulière, un visage pâle, flegmatique, avec des yeux bleus, doux et bienveillants; mais regardant droit, à l'ombre d'une paire de sourcils blond ardent. Sous de fortes moustaches rébarbatives, la bouche laisse voir un pli de bonté qu'on ne remarque pas tout d'abord, et, somme toute, l'impression première qui se dégage de l'ensemble concorde assez bien avec cette appréciation formulée devant moi par un des soldats de la légion étrangère à bord du *Yang-Tsé.*

« C'est un soldat, celui-là ; une vraie tête de brigand ! »

Entre nous, le général est l'homme le plus doux du monde, le plus courtois qui se puisse imaginer. Il a horreur de punir et ne se fâche jamais.

Un sang-froid imperturbable, une extrême rapidité de coup d'œil, une prévoyance minutieuse, joignez à cela une grande culture intellectuelle, voilà le général Gallieni. Il arrive ici précédé d'une véritable réputation de croquemitaine dont l'effet est fort salutaire sur les Hovas qui l'appellent le général Maziaka, c'est-à-dire le « cruel ». Ceux qui baragouinent un brin de français disent le général « Mové » (mauvais.)

Bienveillant mais ferme, unissant à une secrète douceur une grande ténacité, plus sévère encore pour lui que pour les autres, capable d'obtenir d'eux d'autant plus qu'il se ménageait moins, entouré d'un prestige que lui avait valu son expérience de nos âpres colonies du Tonkin et du Soudan, tel était l'homme qui arrivait à Madagascar.

III

A L'ŒUVRE

Nous n'avons à faire ici le procès de personne, mais comme la succession laissée au général Gallieni par son prédécesseur était assez critique, force nous est bien de dire un mot de M. Laroche et de son administration. Nous serons du reste aussi bref que possible.

La rébellion était dans l'île entière, plus ou moins latente, mais bien réelle. Les révoltés avaient même conçu le projet de cerner Tananarive et d'y massacrer la poignée de Français qui l'occupait. L'énergie du général Voyron les avait seule déjoués. Ils s'étaient sentis trop peu habitués au feu pour tenter contre la ville une attaque directe. Ils l'entouraient néanmoins, et, chaque jour, le cercle se resserrait autour d'elle. Ils menaçaient en outre de l'affamer, enlevant les bourjanes porteurs de vivres et les convois de munitions sur la route de Tamatave, la seule suivie, car, depuis longtemps, on avait dû renoncer à celle de Majunga.

Les rapports étaient on ne peut plus tendus entre la résidence et les colons. Ceux de Tananarive avaient adressé au ministère, à Paris, une dépêche pour protester contre la politique du Résident et demander l'état de siège.

M. Laroche n'en persistait pas moins dans son surprenant optinisme. Il ne souffrait pas qu'on soupçonnât la loyale fidélité de ses chers Hovas. Quelqu'un osait-il dire devant lui que le ministre de l'intérieur était un misérable, que bien d'autres parents ou ministres de la reine guidaient sous main l'insurrection, que la justice, autant que la sécurité des Français, exigeait qu'ils fussent arrêtés, il n'était seulement pas écoutés; il exagérait jusqu'à l'invraisemblance.

Dans toute cette affaire de la rébellion, M. Laroche ne vit jamais juste. Il se laissait prendre aux belles paroles des Hovas de marque, des Andriana qui venaient faire antichambre à la résidence. Il n'admettait pas non plus que les Anglais, et surtout certains pasteurs anglais, eussent la moindre part à ces fâcheux événements.

Il eût été pourtant bien facile de voir que la poudre venait de la côte Ouest, où elle n'était apportée que par des navires anglais. Un Anglais n'avouait-il pas qu'il avait fait, l'année précédente, la contrebande de guerre dans l'Ouest, et qu'il avait débarqué 25,000 barils de poudre à Maintirano? Beaucoup de ses compatriotes en faisaient autant. Des boutres arabes ou de grandes pirogues se chargeaient ensuite de transporter ces munitions par les fleuves jusqu'au plateau central. On voyait dans l'Ouest, aux mains des Sakalaves, des cartouches de Sniders portant la marque de Chatham ou d'autres manufactures anglaises; tous leurs fusils portaient celle de la Tour de Londres.

Voici, du reste, un fait bien significatif dont nous empruntons le récit au *Journal officiel* :

Dans la nuit du 22 au 23 novembre, un incendie dont la cause est encore inconnue a éclaté à Manombo, résidence de Nossi-Bé, dans un ancien poste de traitant. Poussées par un vent violent du sud-est, les flammes ne tardèrent pas à gagner les cases voisines et atteignirent le magasin d'un Indien, où se trouvaient quatre cents barils de poudre débarqués le matin même. Une formidable explosion se produisit, tuant deux indigènes et en blessant plusieurs autres.

Une perquisition chez l'Indien Délakeimo, installé à l'embouchure et sur la rive droite du Tsiribihina, à Tsimandrafozana, et chez Alidy, roi de Maintirano, eût fait découvrir bien d'autres barils de poudre.

Mais M. Laroche avait pour ces misérables des excuses toujours prêtes et des trésors d'indulgence. Il n'en excluait que Rainibetsimizaraka, l'instigateur de l'assassinat de M. Duret de Brie. Il convient d'ajouter que Rainibetsimisaraka avait mis à prix la tête du Résident. Ce dernier le lui rendait en anathèmes.

Mais ce n'était pas celui-là seul, c'étaient tous les autres qu'il aurait fallu traquer alors comme des bêtes fauves et exterminer. La chose était encore possible, facile même, et pas un Français de Tananarive n'ignorait leurs noms; ils étaient cités couramment très haut par tout le monde jusque dans les salons de la Résidence.

Par là s'explique l'union étroite, absolue, qui s'établit tout de suite, pour le bien futur de Madagascar, entre l'autorité militaire et les colons. Elle naquit toute seule, du besoin de se défendre et de lutter contre la politique de laisser aller et d'abaissement qui, tous les jours, gagnait du terrain.

M. Laroche pouvait-il encore, à ses derniers moments, se faire illusion à lui-même? Etait-ce de bonne foi qu'il continuait à suivre la ligne où il s'était engagé dès le début? C'est une question qu'il serait difficile de résoudre.

Cette situation devait fatalement amener une crise. Cependant aucun des journaux de Paris qui parvenaient dans l'île n'attaquait encore le Résident. A l'arrivée d'un courrier de France, ceux qui défendaient M. Laroche triomphaient et tançaient vertement quiconque ne partageait point leurs optimisme. « Vous vous trompez, disaient-ils, la presse est excellente, pas une note discordante, personne n'ose élever la voix contre ce que dit ou fait M. le Résident ; vous êtes tous des exagérés, vous autres colons. »

Un jour, pourtant des journaux de France arrivèrent : la cloche donnait un tout autre son, les rôles étaient intervertis et les exagérés de la veille de s'écrier avec triomphe : « Et cette fois, n'est-ce pas complet ? La presse de Paris est unanime, pas un journal ne manque à l'appel. On reconnaît enfin que la néfaste politique du Résident va tout perdre. »

Elle achevait surtout de le perdre lui-même. Il semblait prendre à tâche de s'aliéner les dernières sympathies françaises. Il était au mieux avec les pasteurs les plus suspects ; il paraissait aux temples pour y prendre lui-même la parole ; il dressait sans prendre le temps d'y réfléchir un projet de concession d'un chemin de fer de Tananarive à Tamatave, à M. Coriolis, sujet britannique à peine débarqué dans l'île ; il faisait danser, aux soirées de la Résidence, la cour hova devant Ranavalo ; après de longs retards, il hissait enfin le drapeau français sur le palais de la reine, mais au sud ; le nord, qui représente la première place, restait au drapeau hova. Et après avoir travaillé ainsi, comme à plaisir, à relever l'insolence malgache, il en devenait lui-même victime ; on apprit qu'une sœur de la reine, au cours d'une visite, s'était emportée jusqu'à frapper Mme Laroche.

Cependant il était devenu impossible de sortir de Tananarive ; défense était faite à qui que ce fût de s'aventurer au dehors ; on avait distribué des armes à tous les Français.

C'est sur ces entrefaites que parvint dans l'île la nouvelle du remplacement du général Voyron. Le colonel Gallieni, tout nouvellement promu général, était appelé à lui succéder. Il arriva à Tananarive vers le milieu du mois de septembre, sa colonne avait été attaquée en route, mais elle n'avait perdu personne.

L'arrivée du général fut saluée par un cri de délivrance ; c'était pour tous l'espérance, un jour nouveau se levait sur Madagascar.

Une adresse, signée de tous les principaux membres de la colonie, lui fut présentée quelques jours après. Très brève, elle n'en montrait pas moins clairement l'état d'âme de ceux qui aspiraient depuis si longtemps à voir la fin d'une politique faite pour décourager les plus fermes.

« Les soussignés, membres de la colonie française, disait cette adresse, présentent à M. le général Gallieni leurs respectueux hommages et leurs meilleurs compliments de bienvenue ; ils savent que les grands services rendus par le général dans d'autres colonies sont un sûr garant de la prospérité prochaine de Madagascar, ils mettent en lui toute leur confiance et l'assurent de tout leur dévouement dans l'œuvre patriotique qu'il vient entreprendre. »

Ce n'est que quelques jours plus tard que le général fut nommé Résident par intérim. M. Laroche se préparait à faire un grand voyage dans l'île quand il fut brusquement rappelé. Les Hovas comprirent enfin qu'ils allaient avoir un maître.

Avant de quitter Madagascar, M. Laroche réservait une dernière surprise. Brusquemment, sans aucune précaution, il promulgua le décret d'abolition de l'esclavage.

Ce décret, si vite imprimé à l'*Officiel*, ces affiches si secrètement expédiées dans les villages pour y être collées au moment ou paraîtrait l'*Officiel*, avaient-ils pour but de laisser au général une situation encore plus difficile ? On le disait hautement à Tananarive, mais que ne dit-on pas ?

Peut-être M Laroche désirait-il seulement attacher à son nom la gloire d'avoir émancipé des esclaves, lesquels, du reste, ne demandaient qu'à rester avec leurs maîtres.

IV

PREMIÈRES IMPRESSIONS ET PREMIERS ACTES

Les premières impressions recueillies par le général Gallieni, à son arrivée dans l'île, au début de septembre, furent médiocres. Le paquebot qui le portait avait fait escale successivement à Mayotte, à Majunga, à Nossi-Bé, à Diégo-Suarez et à Sainte-Marie avant de le débarquer à Tamatave, ce qui lui avait permis tout aussitôt de se former une idée d'ensemble. « Sur ces points, écrivait-il à M. André Lebon, ministre des colonies, on vit tout à fait à part du reste de l'île : pas d'instructions, pas de communications, pas de ligne de conduite commune. Aussi chacun agit-il à sa guise. Pour le moment, sur cette côte, tout est aux Hovas... Notre action est nulle ; leur pavillon flotte sur la plupart de leurs anciens postes... la contrebande s'exerce partout, les armes entrent échangées contre la poudre d'or des régions révoltées, et la douane, non organisée *partout*, ne fait aucune recette... Le mot d'ordre a été donné : on ne cultive pas, ce qui nous expose à la famine dans quelques mois; déjà le prix du riz a doublé à Tananarive. » Et une fois parvenu à Tananarive, dans son premier télégramme officiel du 29 septembre, il résumait ainsi son appréciation : « La situation est toujours mauvaise ; nos postes tiennent le pays plat à vingt-cinq kilomètres autour de la capitale. Le mouvement insurrectionnel est complet autour d'eux ; les convois de ravitaillement sont journellement inquiétés sur notre longue ligne de communication. Je suis obligé de renoncer provisoirement à garder la ligne de Majunga pour placer le gros de mes forces autour de la capitale et sur la route de Tamatave. »

Tel était le bilan, à l'inauguration du nouveau régime ; le 27 septembre, onze provinces de l'Emyrne et du Betsileo avaient été mises en état de siège par M. Laroche et érigées en territoires militaires ; le même jour, nous l'avons déjà dit, le résident général signa l'abolition de l'esclavage ; le 28, il remit ses pouvoirs au général Gallieni, le tout, en stricte conformité avec les ordres ministériels.

Le général Gallieni se mit aussitôt à l'œuvre : « Le gouvernement a pensé, lui avait dit le ministre des colonies en l'investissant de la totalité des pouvoirs civils et militaires sur l'ensemble de l'île, que vous accueilleriez comme un puissant encouragement une décision qui mettait entre vos mains le gouvernement même de la colonie tout entière et vous prouverait à quel degré vous possédez sa haute confiance. Cette confiance, le pays la partage, et vous saurez, je n'en doute pas, y répondre en prenant rapidement toutes les mesures de nature à frapper la rébellion au cœur et à en débarrasser l'Emyrne ainsi que les grandes voies de communication qui relient le plateau central aux côtes... Je vous prie de vouloir bien m'adresser par chaque courrier un rapport général tant sur la situation politique que sur la situation administrative du pays pendant la quinzaine écoulée. En vous accusant réception de ces rapports, j'aurai soin de vous donner mon sentiment sur les questions que vous aurez cru devoir soumettre à mon appréciation. J'ai toutefois le désir que vous agissiez sous votre responsabilité dans la limite des pouvoirs si larges qui vous sont confiés aujourd'hui, sans m'en déférer pour les détails. Cette décentralisation est indispensable pour éviter des lenteurs qui ne pourraient qu'entraver l'œuvre de pacification à laquelle vous allez vous consacrer. »

Nous venons de parler de M. André Lebon, ministre des colonies. C'est à lui que revient l'honneur d'avoir distingué le général Gallieni comme l'un des hommes les plus capables de rétablir nos affaires, au moment où le brillant officier, rentrant en France après une dure campagne au Tonkin, n'aspirait qu'à se refaire dans un repos bien mérité. Par ce choix, M. André Lebon s'est créé des droits à la reconnaissance publique et surtout à celle des colons. D'autre part, et cela mérite d'être signalé, il n'a rien négligé pour encourager le mouvement d'émigration si heureusement commencé.

Du premier instant que le général eut pris le pouvoir, la situation se trouva renversée. M. Laroche lui demanda quel jour il comptait se faire présenter à la reine. « La reine viendra la première, répondit dignement le général ; je suis le représentant de la France. » De semblables paroles, une fierté si nouvelle, on le devine, étaient bien de nature à plaire aux colons.

La reine vint en effet ; le général, entouré de son état-major et de quelques colons conviés à cette première entrevue, la reçut dans le grand salon du quartier général. Grave, impassible, mais un peu plus pâle que de coutume, Ranavalo s'avance, précédée du drapeau tricolore et suivie de toute sa cour, ses dames d'honneur, les officiers de sa maison, ses cadets. Le général la fait asseoir à sa droite ; toute la cour se tient debout. Ils sont tous là, Rainandriamanpandry, Ratsimamanga, avec sa cravate en or et son costume d'amiral suisse, toutes les tantes de la reine, toutes ses nièces, toute la fine fleur de l'insurrection. Seulement ce ne sont plus chez eux les mêmes airs triomphants et provocateurs.

Le général fait lire son allocution par un de ses officiers d'ordonnance.

Ce discours, d'une énergie toute nouvelle, affirmait les droits souverains de la France, avec la ferme intention de les faire respecter. Les Français présents à la cérémonie comprirent qu'ils avaient désormais quelqu'un pour les appuyer ; les Hovas, eux, virent bien qu'ils avaient enfin trouvé un maître. Ils pouvaient compter sur sa justice et sa bienveillance, mais à la condition de marcher droit.

La reine, très émue, fit lire par un officier une réponse de forme correcte, mais quelque peu évasive.

Elle demanda ensuite l'autorisation de faire imprimer et placarder ces deux allocutions, car il s'en fallait bien qu'elle considérât la partie comme perdue; elle cherchait à payer d'audace, se flattant de prendre un jour ou l'autre sa revanche.

Elle dut néanmoins, en rentrant chez elle, précédée de notre drapeau et encadrée de nos troupes, trouver en tout cela matière à des réflexions assez tristes ; peut-être entrevit-elle le jour prochain où la perte de sa couronne et l'exil vengeraient nos morts si cruellement massacrés par ses ordres.

Le lendemain, le général rendit à la reine sa visite. Au moment où le cortège faisait son entrée au palais, le drapeau français fut hissé au sommet de l'édifice royal et salué par une salve de vingt et un coups de canon ; tous les drapeaux hovas avaient été amenés, pour ne plus jamais reparaître.

Le premier soin du général fut de proclamer l'état de siège et de diviser l'île en cercles militaires. Ces mesures de rigueur, depuis longtemps réclamées par la colonie, et qu'à Paris on croyait appliquées, même avant la fin du gouvernement de M. Laroche, ne s'étaient fait que trop attendre.

Ranavalo n'était plus désormais que reine des Hovas et chacune des races de l'île, soustraite à sa suprématie, fut déclarée autonome. Cette réforme, qui eut l'approbation de tous les gens sensés, a donné depuis d'excellents résultats.

Puis éclatent comme des coups de foudre, les arrestations de Rainandriamanpandry et du prince Ratsimamanga, oncles de la reine. Jugés et condamnés pour complicité avec les rebelles, ils sont fusillés.

Le lieu fixé pour l'exécution était un terrain situé près de la résidence, dans le bas de la ville; une foule énorme l'entourait, maintenue à distance par nos soldats. Seuls les Européens avaient la permission de pénétrer dans le cercle des troupes. Au milieu de l'emplacement se dressent deux poteaux; près de chaque poteau, quelques nattes roulées devant servir sous peu d'instants de linceul aux deux condamnés. Huit heures sonnent, les clairons se font entendre; Rainandriamanpandry, vêtu d'une redingote noire, la tête découverte, s'avance le premier, au bras d'un pasteur; sa marche ferme, son œil fixe qui semble déjà regarder au delà de cette vie, témoignent d'un rare courage; un rictus un peu forcé contracte ses lèvres.

Après lui, vient le prince Ratsimamanga, complètement affaissé et soutenu par un Père jésuite.

Les deux condamnés s'agenouillent près des poteaux, on leur bande les yeux, les commandements retentissent, brusquement suivis par la détonation du peloton d'exécution, composé de milice indigène.

Justice était faite.

Cette rapidité de la mort est bien faite pour impressionner les Malgaches. Voici les corps déjà roulés dans les nattes, chargés sur une civière et portés par les esclaves des deux suppliciés, qui semblent s'enfuir avec leurs fardeaux, comme si ces deux hommes, leurs maîtres quelques instants auparavant, avaient commis un crime qu'il fallût cacher.

L'impression fut énorme; le premier ministre Rainitsimbazafy, tremblant pour lui-même, se confondit en protestations; finalement, il vint offrir sa démission, que le général s'empressa d'accepter; Razangy, secrétaire général, le remplaça, mais sans son titre de premier ministre qui, par le fait même, resta supprimé.

Jeune, intelligent, attaché pendant de longues années à la personne de Rainilaiarivony en qualité de secrétaire, Razangy est peut-être, de tous les habitants de Madagascar, celui qui en connaît le mieux les affaires. Il peut rendre les plus grands services. Mais il est poursuivi par la haine implacable du parti protestant ; les Anglais ne lui pardonnent pas le schisme qu'il a fondé, en détachant des églises conformistes un grand nombre de leurs fidèles. Ils lui pardonnent encore moins d'avoir abandonné leur parti, qu'il avait servi de tout son pouvoir pendant la première période de sa carrière, pour se rallier à notre cause après la prise de Tananarive : esprit avisé, il comprit alors que l'avenir était aux Français, et, moitié par patriotisme, moitié par souci de sa fortune, il fit volte-face. La reine et toute la noblesse l'avaient pris en exécration.

En outre, Razangy faisait tous ses efforts les plus sincères pour mettre de l'ordre dans les finances, et menaçait de couper court aux gaspillages dont vivait l'entourage de Ranavalo. Aussi avait-on essayé de le perdre. Un jour, dans le commencement de la révolte, le gouverneur d'Ambohimanga avait reçu de Tananarive la lettre suivante :

« Nous nous sommes réunis au palais et avons décidé d'adresser aux patriotes un nouvel appel de fonds. Il nous faut quarante mille piastres. Nous comptons sur toi pour nous aider à nous les procurer. Ces fonds sont destinés à payer des armes venant par le Nord-Ouest. »

Cette lettre était signée Razangy. C'était un faux. Dictée par le premier ministre, en présence de la reine, elle avait été écrite par un jeune secrétaire.

Le gouverneur d'Ambohimanga la renvoya à la reine, celle-ci à M. Laroche. Une enquête fut ouverte qui ne tarda pas à découvrir toute la vérité. Au grand étonnement de la colonie, les poursuites furent arrêtées par ordre supérieur.

Ces persécutions et ces haines indiquaient tout naturellement Razangy comme l'homme dont nous devions essayer de nous servir. Depuis qu'il est aux affaires, tout, dans ses faits et gestes, permet d'espérer qu'il sera aux mains du général un instrument très utile.

Comme on pouvait s'y attendre, la tranquillité renaissait, du moins à Tananarive, où les meneurs du mouvement, effrayés par le supplice du prince Ratsimamanga et du ministre de l'intérieur, n'osaient plus bouger.

V

UN VRAI COLONISATEUR

Il semble qu'il n'y ait qu'un moyen de pacifier un pays où gronde l'insurrection : c'est de marcher droit aux insurgés, de les vaincre, de ruiner d'un coup leur puissance matérielle et morale. On saccage les cultures, on brûle des villages, on traque les ennemis jusque dans leurs repaires ; on fonde son autorité sur des ruines. Puis une fois l'indigène terrorisé, on répare, comme on peut, les dégâts de la guerre et l'on entreprend d'organiser à nouveau la province conquise. Ce moyen est brutal, mais les circonstances le rendent souvent nécessaire.

Ce n'est pas celui que préfère le général Gallieni. Certes, il sait, quand il le faut, frapper à la tête, comme le prouvent les exécutions capitales dont nous avons parlé plus haut ; il s'entend aussi à mener avec sûreté, quand il le faut, une expédition purement militaire. Mais il n'oublie pas que les révoltés contre qui il fait campagne aujourd'hui seront demain ses administrés. Il substitue à la conception d'une conquête sanglante celle d'une conquête persuasive, sans grands coups d'éclat, mais éminemment humaine et féconde.

Cette humanité, comme il arrive si souvent, se trouve d'accord avec la politique bien entendue. L'expérience a démontré au général que la force vient rarement à bout des insurgés et des pirates. Rendre par une organisation prévoyante le pays impropre aux incursions des rebelles, voilà le but où l'on doit tendre. Pourquoi n'avons-nous plus à craindre en France ces bandes de brigands qui jadis inquiétaient nos ancêtres et arrêtaient la nuit leurs diligences ? C'est que notre pays est complètement organisé. Pourquoi, au contraire, si vous voyagez en Turquie, en Grèce ou dans l'Italie du Sud, risquez-vous parfois d'être capturés et rançonnés ? C'est moins à la méchanceté des hommes qu'il faut s'en prendre qu'aux mauvaises routes de ces pays et à l'organisation rudimentaire des voies de communication qu'encouragent et même provoquent cette méchanceté.

Appliquant sans retard les instructions qu'il avait emportées de Paris, le général Gallieni organisa tout d'abord les cercles militaires des provinces du centre mises en état de siège, en même temps qu'il plaçait sous l'autorité du nouveau secrétaire général, M. l'administrateur François, en résidence à Tamatave, les provinces civiles de la périphérie. Ses recommandations aux uns et à l'autre (25 septembre et 8 octobre) sont un modèle de profondeur et de largeur de vues. Elles se résument dans cette idée qu'à tous les rangs de la hiérarchie, il ne faut pas se borner à imposer l'autorité de la France, mais la faire pénétrer dans les cœurs et dans les mœurs par une collaboration intime avec l'indigène et une connaissance exacte de ses besoins. La multiplication des postes que l'on va relier les uns aux autres, pour opposer un réseau serré de défense à l'insurrection, n'a pas seulement pour objet de refouler celle-ci : ils doivent surtout se proposer de rassurer les populations, de les ramener à leurs travaux habituels, et ne jamais s'appliquer à conquérir du terrain sur la rébellion, sans avoir au préalable organisé complètement le pays derrière

Tamatave.

eux. Pour les mêler plus étroitement à la vie des gens du pays, on a donné à chacun de ces postes une sorte d'autonomie administrative qui, pour la nourriture, le casernement, etc., leur permettra de créer des relations économiques avec le voisinage, montrant ainsi que, partout où il s'implante, le drapeau apporte avec lui non pas seulement la paix publique, mais l'activité commerciale. A cet effet, le ministre des colonies avait expressément invité le général en chef à introduire dans l'administration des corps et détachements le système des *masses* qui leur permet de se pourvoir sur place et de ne recourir aux magasins qu'à défaut de ressources locales. Ce système, en opposition radicale avec les traditions des troupes de la marine, donna les meilleurs résultats. Au point de vue financier, il limita les charges budgétaires, puisqu'il consiste essentiellement dans une sorte d'abonnement fixe contracté avec les troupes elles-mêmes pour leur entretien, au lieu de les servir avec des rations transportées de loin à grands frais ; au point de vue moral, il développa l'initiative des chefs de poste, et intéressa les populations, qui fournissaient les garnisons, au voisinage de nos troupes.

Bref, le recours à la force brutale ne doit être qu'exceptionnel et limité; c'est la pénétration lente, le rayonnement progressif du centre vers le pourtour de l'île, qui est la règle.

Le général divisa donc l'Imérina, c'est-à-dire toute la région centrale appartenant aux Hovas, en cercles militaires. A la tête de chaque cercle il plaça un commandant, chef absolu et responsable, livré à sa propre initiative.

Ce commandant devait à son tour diviser le cercle en secteurs dirigés par des capitaines ou des lieutenants, maîtres de leur canton et également responsables. Par ce procédé, on attache l'officier au coin de terre où on l'a envoyé. C'est là qu'il séjournera, qu'il aura tous ses intérêts. C'est son domaine. Champ de bataille, si l'on veut, mais qu'il devra ensemencer.

C'est alors que les pays conquis lui apparaissent sous un autre angle !

« Lorsqu'en prenant un repaire, nous dit un des plus brillants auxiliaires du général Gallieni, le lieutenant-colonel Lyautey, on pense surtout au marché qu'on y établira le lendemain, on ne le prend pas de la même façon. » Et il nous en cite un exemple significatif :

« Chargé de soumettre une région sakalave insurgée, un commandant d'infanterie de marine, le commandant Ditte, s'était fait une loi absolue d'épargner, de pacifier, de ramener cette population. Je le vois abordant un village hostile, et, malgré les coups de fusil de l'ennemi, déployant toute son autorité à empêcher qu'un seul coup ne partît de nos rangs et y réussissant — ce qui avec des tirailleurs sénégalais n'était pas facile. — Je le revois, lui et ses officiers, à petite portée de la lisière des jardins, en avant de leurs hommes, la poitrine aux balles, multipliant, avec ses émissaires et ses interprètes, les appels et les encouragements. Comme cet officier était aussi un très bon et très habile militaire et qu'il avait pris d'heureuses dispositions, menaçant les communications de l'ennemi, rendant difficile l'évacuation des troupeaux, il réussit, après des heures de péril, à obtenir qu'un Sakalave se décidât à sortir des abris et à entrer en pourparlers. Et ce fut la joie aux yeux que le soir venu, il me présenta le village réoccupé, en fête, les habitants fraternisant avec notre bivouac à l'abri du drapeau tricolore, emblême de paix. »

Connaissez-vous beaucoup d'exploits de guerre qui vaillent cette héroïque patience? Voilà les vertus qui naissaient d'elles-mêmes sous les yeux du général Gallieni, comme inspirées par son exemple. Cette méthode de conquête fait grand honneur à la France qui y a mis l'empreinte de son génie si humain.

Tels officiers, tels soldats. Quand le soldat sait que le village qu'il aborde sera sa garnison durant des mois ou des années, que ses rizières le nourriront, que ses habitants seront ses aides, il ne détruit ni ne maltraite. En l'intéressant à notre œuvre dans le pays, on l'intéresse au pays lui-même. Il observe, il retient, il cherche à utiliser les ressources de son esprit. Il se transforme, suivant ses naturelles aptitudes, en instituteur, cultivateur, contre-maître, jardinier, chef d'atelier. Il se sent une force ; il a conscience de sa valeur et des services qu'il peut rendre ; il s'éveille à l'ambition d'être un des premiers initiateurs de ces races que nous avons la mission d'ouvrir à une vie plus relevée, plus morale.

Pénétrons dans un *secteur*. Entrons dans un village repris aux insurgés. Ils l'avaient détruit ; nous l'avons reconstruit. Nous y avons élevé un hôpital, une école, des ateliers et les étables d'une ferme modèle.

A l'école, un soldat français et son casque émergent du groupe des petits Malgaches accroupis, drapés de blanc. A droite et à gauche un casque blanc, un bonnet de spahi, un béret et un chapeau de paille sur des têtes barbues ; le soldat casqué est le maître d'école, les autres sont trois répétiteurs indigènes. Le maître a aujourd'hui trois cent soixante élèves des deux sexes, divisés en quatre classes. La générosité de l'*Alliance Française* et des éditeurs français a fourni une partie du matériel. Grâce à la rapide compréhension et à la curiosité intellectuelle du Hova, tous ces enfants bien tenus, propres, la tête levée, l'œil clair, feraient honneur à nos écoles de France. Les quatre règles, la dictée au tableau, le système métrique n'ont plus de secrets pour les garçons ; les filles, en outre, apprennent un peu de couture, de broderie et de cuisine, surveillées par une répétitrice indigène. Une cloche qui servait aux insurgés du village pour appeler à l'aide les rebelles voisins, a été transportée à l'école ; elle donne aujourd'hui le signal de la récréation. Pour les garçons, les jeux français sont en honneur, barres, cheval fondu, gymnastique militaire, boxe et bâton ; les filles chantent et dansent des rondes. Tout ceci est l'œuvre et le domaine d'un soldat.

Ce n'est pas dans cette attitude de magister paternel que nous apparaissaient ordinairement les conquérants de jadis.

Vous vous rappelez ce pauvre sauvage américain auquel prêtres et religieux, avec une bonté admirable, prêchaient la bonne nouvelle et qu'ils s'efforçaient en vain de convertir. Peine inutile trop souvent. Le sauvage ne voulait pas aller au Paradis, tant il avait peur d'y trouver ses nouveaux maîtres. Réjouissons-nous que nos soldats, sur ces vastes plateaux de Madagascar, aient donné une si belle leçon de conquête pacifique !

Ce n'est pas tout. Le soldat désireux de se fixer dans la colonie reçoit une concession dès sa dernière année de service. Il est déjà acclimaté, il connaît la langue et les ressources de son canton; comme chef de poste ou chef d'exploitation, il a déjà eu l'occasion d'expérimenter les méthodes en usage. Ce marsouin que vous avez vu tout à l'heure maître d'école. a fait venir de France son jeune frère, un paysan, pour le mettre à la tête d'une ferme. Au prochain congé, il a l'intention d'aller chercher femme au pays et, libéré, de s'installer définitivement dans son village. Ce village où il n'est entré qu'au péril de sa vie, il l'aime, aujourd'hui; il est considéré; il y siège au conseil des notables; il est l'arbitre entre les indigènes.

Il en est de même du chef d'atelier, forgeron, menuisier, ferblantier, cordonnier ou tailleur. Il répand autour de lui son industrie; il forme des apprentis et des ouvriers. Ce sera un gros patron plus tard. Ailleurs, une ferme modèle a été ouverte. Un sous-officier marié a fait venir sa femme de France; c'est elle qui dirige la laiterie, surveille la fabrication du beurre et des fromages. Les indigènes travaillent sous les ordres du ménage. Ils apprennent nos méthodes de culture, de labourage et de semailles. La charrue que ce peuple ignorait deviendra bientôt d'un usage courant. Peu à peu nous verrons naître et grandir sur ces plateaux de l'Ibérina une race de colons français, tenant au sol, attachés à ce pays qui sera leur œuvre. Œuvre de civilisation combien supérieure à l'œuvre de destruction. On disait jadis « ense et aratro », par l'épée et la charrue ; l'épée peut dompter, elle peut mater un instant ; la charrue sera plus puissante pour conquérir et pacifier, et la croix seule peut dignement couronner toute œuvre de colonisation.

V

LA REINE RANAVALO

Pour rendre solide et durable l'œuvre ainsi commencée, il fallait faire passer des mains des Hovas dans les nôtres le gouvernement réel de l'île. Le général accomplit cette révolution à Tananarive avec autant de fermeté que de prudence.

Les Hovas étaient persuadés que la France n'oserait pas frapper certains coupables haut placés, parce que l'Angleterre ne le tolèrerait point. Le général les détrompa rapidement. Il ne s'attaqua point aux petits arbres qui ne portent point d'ombre et se contenta d'abattre deux des principales têtes de la conspiration. Comme nous l'avons raconté plus haut, l'oncle de la reine et son ministre de l'intérieur, vieux bandits acharnés contre nous, furent fusillés; la tante de Sa Majesté, qui nous détestait, et exerçait sur sa nièce une influence déplorable, fut exilée.

Restait l'attitude à prendre vis à vis de la reine Ranavalo.

Au lendemain de la prise de Tananarive, après la violente secousse qui avait suivi l'occupation de la ville par nos troupes, on sentait que l'incertitude régnait partout. Les Hovas, encore polis et obséquieux à cette époque, redoutaient qu'une main de fer ne vînt s'abattre sur eux.

Nous eûmes le grand tort de ne pas profiter de cette situation.

Il fallait que la reine comprît tout de suite une chose : Nous étions les maîtres et nous voulions le rester. Telle était la situation, qu'on pouvait tout exiger ; la cour d'Imérina s'attendait à de telles conditions, qu'elle aurait toujours trouvé nos desiderata trop doux.

En tout cas, une question capitale n'avait pas été résolue d'abord comme elle aurait dû l'être ; c'était une faute impardonnable de maintenir le drapeau hova, même avec le régime du protectorat.

C'est ce malheureux lambeau d'étoffe juché au faîte du palais de la reine, qui a laissé croire aux Hovas, tout étonnés de notre incroyable bonhomie, que nous n'osions pas nous montrer les maîtres, que nous avions peur, et que nous nous laisserions reconduire à la mer. Ils se sont repris alors à espérer ; nous leur en donnions presque le droit.

Remis peu à peu de leur première émotion, puis enhardis jusqu'à l'arrogance, on les entendit bientôt dire, à qui voulait l'entendre, qu'il n'y avait rien de changé.

A la première fête de Fandroana, le général Duchesne qui, un mois auparavant, couvrait la ville de ses obus et donnait aux parlementaires cinquante minutes pour se rendre et se préparait à lancer ses colonnes d'assaut ; le général Duchesne qui, le lendemain, vainqueur, dictait ses conditions à une cour affolée, changeant presque soudainement de rôle après un si éclatant triomphe, venait s'incliner devant cette reine couleur chocolat.

Les Hovas eurent une bien triste opinion de notre fermeté et ne tardèrent pas à le montrer.

Arrive M. Laroche. Ce n'était pas lui, on le comprend sans

peine, qui était capable de remonter un pareil courant. La reine, traitée en amie, n'a qu'à exprimer un désir pour qu'il soit immédiatement réalisé. La question du drapeau est enterrée; Ranavalo signe le nouveau traité et reçoit en échange un écrin de diamants.

Que de traités en peu de temps, protectorat, colonie, annexion! Et que devait penser de nous la cour d'Imérina?

Que si un soldat s'empressait de réprimer mouvements ou révoltes, en haut lieu on lui reprochait d'avoir eu la main trop lourde. Et les Hovas bien renseignés, profitaient de la leçon. Enfin l'énergie montrée par le général Voyron, mis à la tête des troupes, devait ne point aboutir. Le nouveau commandant avait à compter avec une autorité plus élevée que la sienne et qui le contrecarrait.

Cette dualité de pouvoir nous fut vraiment funeste.

A l'arrivée du général Gallieni, tout devait, là comme ailleurs, changer à notre avantage.

Il se demanda dès la première heure, s'il ne conviendrait pas de déposer la reine Ranavalo et de la remplacer par quelque autre membre de sa famille moins vaniteux, moins encombrant et plus dévoué. Ils s'aperçut très vite qu'elle jouissait encore, dans les campagnes plus peut-être qu'à Tananarive, d'un certain prestige, et qu'il eût été de mauvaise politique de faire disparaître un rouage dont on pouvait tirer quelque parti au profit de l'influence française. Mais il ne s'en appliqua pas moins, par quelques actes significatifs, à montrer à la reine et à son entourage que les choses ne se passeraient plus désormais comme devant. On se rappelle certains détails déjà indiqués. Au lieu de lui faire visite à son entrée en fonctions, il attendit qu'elle prît l'initiative de rendre hommage au représentant de la France. Lorsqu'il se rendit ensuite au palais royal, il exigea que le pavillon hova fût enlevé et fût remplacé pour jamais par le drapeau tricolore; il prescrivit à la reine de ne plus s'intituler désormais que la reine des

Hovas et de ne plus s'occuper que de l'Emyrne; il s'empara, enfin, du grand sceau de l'Etat, de manière qu'on ne pût plus l'appliquer sur des pièces qui n'auraient pas été visées par l'autorité française.

En résumé, disait-il dans son rapport du 10 octobre 1896, la reine est maintenue au pouvoir, mais, tout en continuant à recevoir les honneurs de nature à rehausser encore son prestige aux yeux des Hovas, elle a été dépouillée à notre profit de toutes les prérogatives qui lui permettaient d'avoir une action réelle sur la marche des affaires. Elle doit être désormais un simple instrument entre nos mains et, dans peu de jours, je verrai à écarter d'elle les personnages de sa famille que je sais hostiles à la France, et, qui, très certainement, sont en complicité avec les rebelles.

L'heure était venue, en effet, où il ne suffisait pas d'attendre le bon plaisir de l'entourage de la reine et des fonctionnaires hovas pour faire exécuter et affirmer nos volontés. Déjà, à la suite des premiers faits insurrectionnels, une enquête avait été ouverte par M. Laroche, qui avait abouti à plusieurs condamnations, soit à la mort, soit à l'exil. Mais, atteignant des sous-ordres, ces condamnations étaient, pour la plupart, demeurées sans effet moral.

On a fait quelque bruit, en 1896, autour des prétendues cruautés du général Gallieni. Il est à remarquer que, du fait de l'insurrection, soixante-trois condamnations à mort ont été prononcées, dont trente-quatre par le tribunal malgache, neuf par la cour criminelle et vingt par le conseil de guerre. De ces soixante-trois condamnations, quarante proviennent de procédures achevées ou commencées par M. Laroche.

Le général Gallieni se résigna à frapper à la tête pour s'épargner, par la suite, un trop fréquent recours aux mesures de rigueur. Qu'on se rappelle seulement les exécutions capitales dont nous avons déjà parlé, l'exil de la princesse Ramasindrayana, très connue pour son hostilité et ses intrigues, la démission, non suivie de remplacement, du premier ministre choisi par le général Duchesne.

Ces mesures énergiques produisirent un effet immédiat ; dès la fin du mois, le général Gallieni câblait qu'il n'aurait plus besoin de renforts. Les fonctionnaires hovas naguère hésitants, et les nobles désormais inquiets pour leur responsabilité personnelle, s'employaient maintenant à seconder utilement ses efforts. En quelques semaines, nos postes refoulèrent la rébellion jusque dans la région forestière, laissant derrière eux un pays où la population, hier terrorisée par les insurgés, aujourd'hui rassurée, se reprenait aux travaux de culture.

Pour soulager les troupes européennes, fort éprouvées par le gros effort fait en pleine saison des pluies, le général Gallieni activait la formation des troupes et milices indigènes. Dans les premiers jours de janvier, les courriers commencèrent à pouvoir circuler sur la route de Majunga et l'Emyrne se trouva à peu près complètement dégagée. Un mois plus tard, on ne signalait plus de troubles appréciables que dans les régions de l'ouest et du nord-est de l'île.

Fallait-il s'en fier aux résultats acquis et attendre le retour de la saison sèche, époque où survenaient régulièrement les désordres et les déprédations, au risque d'être de nouveau surpris par l'événement, comme on l'avait été un an plus tôt? Le général Gallieni ne le pensa pas ; d'autant plus que, si la masse de la population semblait se rallier sincèrement à la cause française, certains symptômes indiquaient que l'hostilité subsistait, plus ou moins sourde, là où nous l'avions toujours rencontrée ; à la cour, qui ne se consolait pas d'être tenue en tutelle et en subordination ; chez les nobles, que l'émancipation des esclaves privait de leurs revenus agricoles, et que l'arrivée des inspecteurs européens dépouillait des ressources qu'ils tiraient autrefois de la poudre d'or ; chez certains fonctionnaires indigènes, que la régularité de nos procédés administratifs empêchait de se livrer aux exactions habituelles dont ils avaient tiré naguère le plus clair de leur fortune. Autant de mécontentements latents, que le moindre accident pourrait réveiller, et qui, si l'on n'y mettait bon ordre, empêcheraient le général Gallieni de quitter Tananarive en avril, ainsi qu'il en avait le désir, pour inspecter la côte.

Rien n'est attachant comme de suivre, pour ainsi dire au jour le jour, dans ses télégrammes et ses rapports, l'évolution de la pensée du général Gallieni, à mesure que son esprit attentif recueille des impressions nouvelles, cherche à en dégager des conclusions, élabore des solutions, et se décide enfin, pour agir avec une précision et une rapidité égale aux précautions et aux délais qu'il a d'abord fait subir à ses méditations. Rien ne montre mieux non plus combien, dans l'accomplissement de sa tâche, il laissait peu de place à l'improvisation, subordonnant à des calculs pénétrants jusqu'aux moindres nuances de ses actes.

« Je dois reconnaître, écrit-il dans son rapport officiel du 12 novembre 1896, que, si la reine ne nous aime pas, ce qui pour moi ne fait aucun doute, elle fait du moins tout ce que je lui prescris, sans la moindre objection, s'appliquant à cacher ses préférences pour les Anglais, s'efforçant par tous les moyens de prouver son dévouement à la France et se mettant franchement en avant dès que je lui adresse la plus légère observation.

« Jusqu'ici, son attitude m'est utile, me permettant de me servir de son influence pour mieux tenir la population. Elle sait d'ailleurs que je n'hésiterai pas à la déposer le jour où elle se permettrait le moindre acte à l'encontre de mes ordres. » Répondant à ce qui précède, le ministre des colonies écrivait le 9 janvier 1897 : « En ce qui concerne la reine, j'estime qu'il ne faut rien faire pour hâter sa dépossession à moins que sa conduite ne donne lieu de notre part à de nouveaux reproches justifiés... Nous avons tout intérêt à jouer jusqu'au dernier moment de son ascendant, si minime soit-il appelé à devenir, tout en soulignant comme vous avez soin de le faire à chaque occasion publique, qu'elle n'a désormais qu'un rôle subordonné à notre haute influence. »

Dans le rapport suivant du général Gallieni, nous lisons : « Tous les fauteurs de désordre ont constamment invoqué les ordres de la reine afin d'entraîner les populations, ce qui prouve que celle-ci avait, dans les campagnes surtout, un prestige considérable qu'elle a conservé en partie. Si, à Tananarive même, ce prestige a diminué beaucoup, il n'en serait pas moins dangereux de songer dès à présent à la déposer... L'importance qui s'attacherait à un tel événement tend à diminuer à mesure que, par l'application de la nouvelle politique. les diverses provinces reçoivent leur autonomie. Le nom de la reine sera vite oublié en dehors de l'Emyrne et lorsque l'organisation nouvelle sera complète, je pense qu'il sera possible de décréter la suppression d'un rouage devenu inutile. »

Le 28 janvier, il insiste : « De la reine, je ne m'occupe pour ainsi dire plus, si ce n'est pour arrêter ses velléités d'indépendance et pour l'empêcher de faire acte officiel d'autorité jusqu'au jour où, oubliée de ses anciens sujets, elle verra sa souveraineté effectivement réduite à néant et où la royauté tombera d'elle-même, à moins que je ne trouve auparavant l'occasion de la supprimer brusquement. Tel est le but que je poursuis lentement et avec toute prudence, sachant que je me conforme ainsi aux desiderata du département. Déjà je ne considère plus l'ancien gouvernement malgache comme un obstacle sérieux avec lequel je doive compter et mon attitude énergique du début a eu pour premier effet que les indigènes se sont vite habitués à ne tenir compte que des ordres à eux donnés par les autorités françaises ; ils reconnaissent, d'ailleurs, et j'ai des renseignements précis à ce sujet, les bienfaits d'une administration régulière édictée par nos idées de justice et de libéralité, et j'ai tout lieu de penser que la majorité de la population serait peinée de voir revenir l'ancien état de choses dont le peuple a eu tant à souffrir. Toutefois, je le répète, cette évolution sociale a besoin d'être conduite avec la plus extrême prudence; elle est l'objet de mes préoccupations incessantes, et je ne néglige aucun moyen pour éviter une erreur, dont la moindre serait un désastre au point de vue de la pacification, le but primordial à atteindre. »

Quelques semaines passent, l'idée se précise. Le général Gallieni télégraphie le 17 février : « La pacification est entravée par des menées... sourdes qui semblent avoir pris recrudescence. L'opposition et la résistance se font sentir du côté de la reine et de la caste noble, tandis que les anciens esclaves et la caste bourgeoise se rapprochent de nous. »

Puis le 20 encore : « Il me paraît impossible de conserver pendant longtemps l'institution de la royauté, qui est gênante pour l'application du programme de pacification et qui est exploitée par les ennemis de la domination française. La reine est toujours à la tête de la caste noble et privilégiée, qui est irréconciliable. »

Et enfin, le 27 : « Devant l'inertie de la reine, l'hostilité sourde de certains étrangers et de la caste noble, et la persistance des chefs de bande, selon toute probabilité, à se servir du nom de la reine pour entretenir la méfiance contre nous et préparer de nouveaux troubles au printemps, je me décide à abolir immédiatement la royauté dans l'Emyrne; en conséquence, j'invite aujourd'hui la reine à résigner ses fonctions; elle quittera Tananarive demain pour Tamatave, où elle s'embarquera pour la Réunion. Les difficultés que rencontrent les communications urgentes m'ont empêché de demander votre assentiment préalable. »

Ces difficultés étaient telles, en effet, que le télégramme dont nous venons de parler, daté du 20 février, n'était parvenu à Paris que le 1er mars, et que la réponse du gouvernement, où l'on indiquait que la déposition de la reine Ranavalo semblait encore prématurée, à moins de chefs d'inculpation bien précis, partie de Paris le 2 mars, ne joignit que le 19, le général Gallieni, c'est-à-dire près d'un mois après les événements accomplis.

A la fin de mars arriva à Paris le rapport de quinzaine du général Gallieni, en date du 26 février, qui expliquait mieux les circonstances auxquelles il avait obéi. Il s'exprimait ainsi :

« Comme je vous l'ai déjà dit, cette attitude se manifeste surtout chez les castes nobles, élèves des missions britanniques, et même au palais, où, malgré ses protestations de fidélité, la reine Ranavalo semble consentir difficilement au rôle nouveau qui lui est imposé. Les chefs de bandes insurgées qui luttent toujours contre nous, ainsi que les représentants des andrianes (nobles) affectent de n'agir qu'au nom de la reine, tandis que les anciens esclaves et la plus grande partie de la bourgeoisie, sur lesquels il est de bonne politique de nous appuyer, ne se rallieront complètement à nous que lorsque aura disparu ce dernier vestige de l'ancienne domination hova. Quelques individus mêmes de ces castes ont exprimé à nos commandants de cercle et à moi-même leur appréhension à ce sujet et leur désir de voir annuler le pouvoir de l'ancienne famille royale. Malgré tout, j'aurais persisté à conserver Ranavalo comme souveraine de l'Emyrne. Mais, je vois qu'elle ne peut se soumettre encore à sa nouvelle situation, et, en vue de nouveaux troubles à prévoir pour le printemps, je vais me décider à la déposer, afin d'en finir avec cette situation, qui ne saurait durer plus longtemps sans gêner considérablement notre œuvre de pacification. »

Dans une lettre privée de même date au directeur des affaires d'Afrique, le général ajoutait : « Tant que la reine Ranavalo subsistera, personne, parmi les Malgaches ne croira encore au nouvel état de choses. Au premier incident grave, on se soulèvera encore en son nom. De plus, malgré mes avertissements, le palais est toujours un foyer d'intrigues. Les Malgaches, aussi bien les Hovas que les autres peuplades de l'île, ne peuvent comprendre cette juxtaposition de nos deux intérêts. »

Que le général Gallieni ait eu raison d'agir comme il l'avait fait, l'événement l'a surabondamment prouvé; cette mesure n'eut pas seulement pour résultat d'éviter un retour offensif de la rébellion à l'ouverture de la saison sèche de 1897, et de permettre la rentrée en France d'une partie des troupes que l'on entretenait encore à grands frais dans l'île ; elle découragea le vieux parti hova, amena de nombreuses soumissions; l'effet fut si prompt et si complet que, dès le mois de mars, le général Gallieni put amnistier les détenus politiques pour faits de rébellion, lever l'état de siège, et quitter l'Emyrne pacifiée pour aller visiter la côte.

Mais, tout entier à sa tâche locale, le général Gallieni ne s'était pas avisé du retentissement qu'aurait en France et en Europe la déposition de la reine Ranavalo, et de la position bizarre où se trouverait le gouvernement. Pour expliquer cette initiative, on n'avait entre les mains que le télégramme excessivement sommaire du 27 février et les rapports antérieurs, lesquels concluaient à l'ajournement de la mesure. Questionné le 18 mars au Sénat par M. Trarieux, le ministre des colonies ne put que manifester sa confiance générale dans le commandant en chef et les raisons de cette confiance, sans se prononcer expressément sur le coup d'Etat lui-même, dont il ignorait encore les détails. Interpellé le 3 avril à la Chambre, par M. Pourquery de Boisserin, mais déjà en possession alors de rapports plus précis, il put déclarer qu'il regrettait que les circonstances eussent forcé le général Gallieni à prendre cette décision sans avoir pu recevoir l'adhésion préalable du gouvernement, parce qu'il aurait tenu à honneur, quant à lui, de joindre sa responsabilité à celle du général. Sur quoi la Chambre vota à l'unanimité un ordre du jour « approuvant

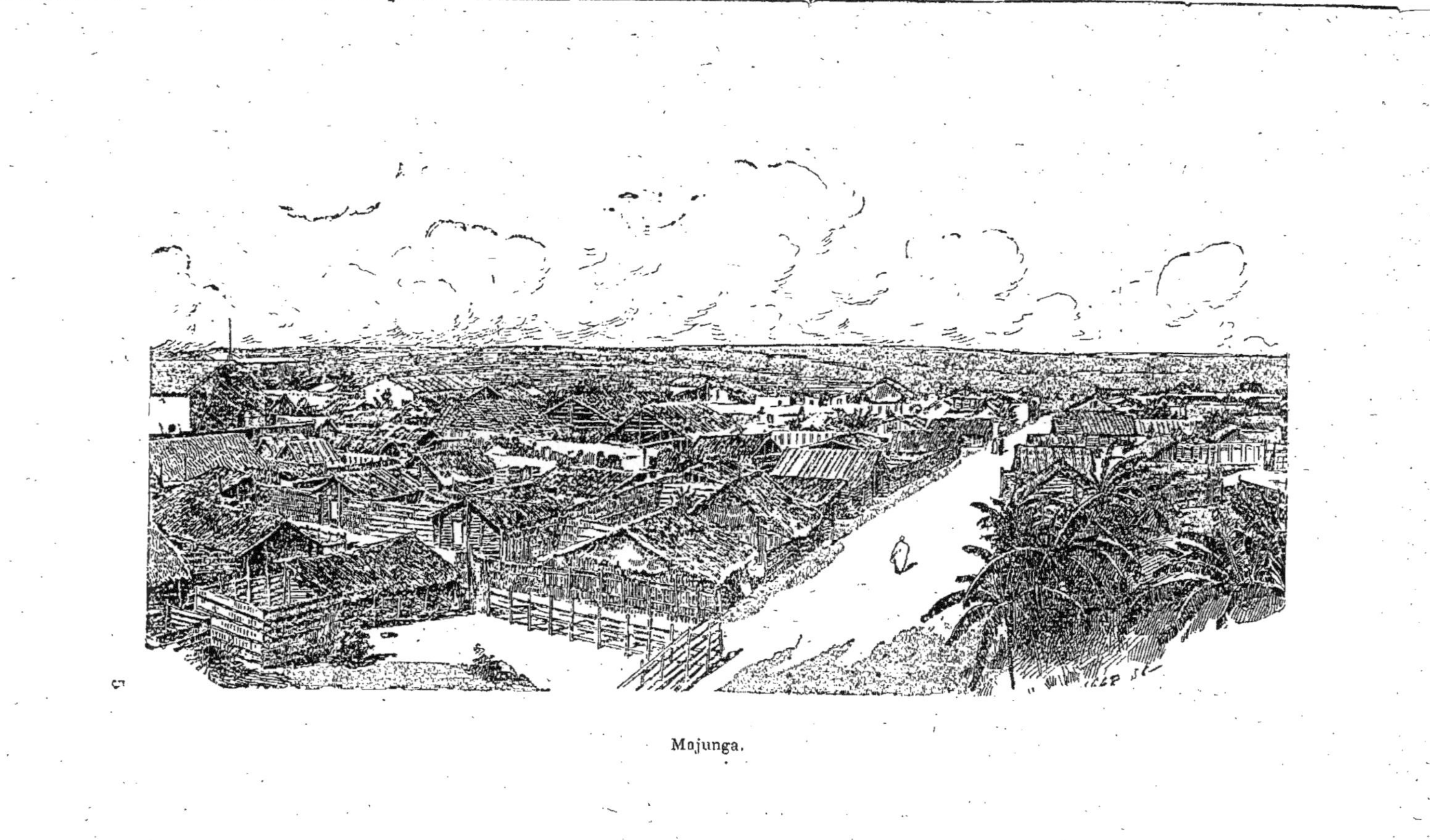

Majunga.

la politique suivie à Madagascar et adressant à l'armée ses patriotiques félicitations ; » et, quelques jours plus tard, le général Gallieni reçut le titre de gouverneur, au lieu de celui de résident, qui n'avait plus de sens.

Ainsi se trouve réglée, pour le plus grand bien de la France et de sa nouvelle colonie, la question politique de l'organisation du pouvoir dans la grande île. L'année suivante, la reine Ranavalo fut transportée, avec sa suite, en Algérie, où elle habite aujourd'hui.

Mais, en dépit de l'unanimité du vote de la Chambre, cette solution laissa d'assez durables rancœurs au sein d'un certain parti, dont M. Trarieux s'était fait l'interprète discret au Sénat, et qui affectait de voir dans l'exil de la reine des préoccupations confessionnelles parfaitement étrangères et au gouvernement et au général Gallieni.

VI

CATHOLIQUES ET PROTESTANTS

« La question religieuse à Madagascar était en réalité une question politique, et une question politique des plus complexes, parce qu'elle était à proprement parler internationale. Le fait brutal, éclatant, inquiétant, était celui-ci : parmi les protestants, il n'y avait ni un Français, ni un ami de la France. Anglais était l'argent, anglais le personnel, anglais l'enseignement. Au contraire, par la force des choses, bien avant qu'il eût été question pour nous d'occuper l'île, tous les éléments d'action française s'étaient groupés autour des catholiques, et l'on peut dire, qu'aux yeux des indigènes, chacune des deux religions s'identifiait avec l'une des deux nations. »

Les lignes qu'on vient de lire sont de M. André Lebon, ancien ministre des colonies. Elles nous mettent à l'aise, pour refaire l'historique d'une question qu'on s'est plu à embrouiller plus que de raison.

Quelquespasteurs protestants se sont efforcés de faire croire à la France qu'il se passait à Madagascar les choses les plus invraisemblables; que les missionnaires jésuites, avec l'appui de la République, ressuscitaient les plus tristes scènes de l'Inquisition et des dragonnades.

Ces étrangetés ont été tour à tour colportées dans des conférences et dans la presse sectaire; on les a étalées tout au long dans un factum soumis au Parlement par la *Société des Missions évangéliques* de Paris; il n'est pas jusqu'à la *Revue bleue*, d'ordinaire mieux informée, qui ne les ait prises au sérieux.

Mettons les affaires au point.

Tout le monde sait que, jusqu'à la conquête, les seules missions françaises existant à Madagascar étaient celles des Jésuites, qui évangélisent le pays depuis 1861. Le protestantisme y est prêché par les Anglais depuis 1820, et par les Norvégiens luthériens depuis 1869. Les plus anciennes et les plus nombreuses missions anglaises dépendent de la « Société Missionnaire de Londres (*London Missionary Society*) »; au commencement de 1895, elle avait dans l'île trente-trois de ses membres européens avec mille quarante-huit pasteurs indigènes. Huit autres missionnaires anglais appartenaient à la *Société des amis* ou *Quakers*, et neuf à la *Société de la Propation de l'Evangile,* qui comptait en outre seize pasteurs indigènes et qui avait un évêque à Tananarive.

Les missionnaires norvégiens, à la même date, étaient au nombre de vingt-quatre, avec cinquante-huit auxiliaires malgaches. Le chiffre total des *adhérents* protestants était évalué à trois cent quatre-vingt-quatorze mille quatre-vingt-dix-neuf, dont deux cent quatre-vingt-huit mille huit cent trente-quatre relevant de la *London missionary Society* et quatre-vingt mille de la Société norvégienne. Enfin les écoles protestantes comptaient un peu plus de cent vingt-cinq mille élèves, dont soixante-quatorze mille sept cent quatre-vingt-seize formés par la *London missionary Society* et trente-sept mille deux cent quarante et un par les Norvégiens. Ajoutons que, depuis l'année 1869, où la reine Ranavalo II a reçu le baptême de la main des missionnaires de Londres, le protestantisme est la religion des classes dirigeantes de l'île.

Les auteurs du factum protestant affirmaient que ce sont les Jésuites qui ont fabriqué, comme une machine de guerre contre leurs concurrents à Madagascar, la formule : « Qui dit Français dit catholique ; qui dit protestant dit Anglais. » La vérité manifeste pour quiconque a étudié l'histoire de Madagascar dans ce siècle, c'est que les Anglais, et spécialement les missionnaires anglais, ont été les inspirateurs de toutes les insultes aux droits de la France dans la grande île, depuis plus de cinquante ans. Il est également avéré que ces missionnaires et les élèves formés par eux ont fomenté chez les Hovas la résistance à la dernière action de la France, tant que celle-ci leur a paru pouvoir être arrêtée d'une façon quelconque. Mais quand ils ont vu la conquête faite et la résolution bien arrêtée de la France de garder Madagascar et de n'y plus tolérer aucune influence contraire à son autorité, il a bien fallu changer de système. Tout à coup donc, les missionnaires anglais ont affecté un véritable zèle pour l'enseignement du français dans leurs écoles. Ils ont fait plus : ils ont offert à la Société des Missions protestantes françaises leurs écoles primaires de l'Emyrne, au nombre d'environ huit cents et comptant de trente à quarante mille élèves.

La Société française a accepté. Quelles ont été les conditions de la cession ? Nous ne savons ; mais il n'est pas à croire que la transaction ait été un don purement gracieux, du côté des missionnaires anglais. S'ils ont sacrifié quelque chose, c'est apparemment pour mieux conserver ce qu'ils se réservent et qu'ils craignent de perdre ; il est à remarquer, en effet, que la cession ne comprend pas leurs écoles en dehors de la province centrale (presque la moitié du total), ni leurs institutions d'enseignement secondaire ou supérieure, à Tananarive, ni surtout les nombreux établissements religieux qu'ils possèdent dans toutes les provinces ; enfin, dans les écoles mêmes qu'ils cèdent, ils garderont une influence prépondérante, tous les maîtres ayant été formés par eux et la Société protestante française n'ayant encore aucun personnel à elle, préparé pour sa tâche.

Mais une des fins certainement visées par les pasteurs anglais, et peut-être la principale, ç'a été d'intéresser leurs collègues français à la guerre qu'ils ont toujours faite aux missionnaires catholiques, et qui devient de plus en plus pour eux une affaire capitale.

Jusqu'à la conquête, leur influence sur les classes dirigeantes à Madagascar, influence dont ils ne craignaient pas d'user et d'abuser, leur donnait un avantage immense sur leurs rivaux. Leur religion étant celle de la reine, de l'aristocratie et des fonctionnaires, la fréquentation de leurs écoles était presque forcée pour la plus grande partie de la population. Et pour assurer à tout jamais leur prépotence, ils avaient fait insérer dans le code malgache une loi, la deux cent quatre-vingt-seizième, interdisant à tout élève inscrit dans une école, de passer dans une autre, sous peine d'amende pour lui et pour le professeur qui le recevrait. Il faut savoir d'ailleurs que l'inscription dans une école quelconque était obligatoire, et comme elle se faisait par les soins des autorités, en général toutes dévouées aux prédicants, c'était tout un système de pressions organisées qu'avaient à vaincre ceux qui osaient préférer les écoles non officielles. Mais, à mesure que les Malgaches se sont sentis libres — ce qui n'a guère commencé qu'avec l'arrivée du général Gallieni — les écoles anglaises ont été désertées en grande partie pour les écoles françaises catholiques. C'est ainsi que les Jésuites ont vu, en quelques mois, le chiffre de leurs écoliers monter de vingt-cinq mille à quatre-vingt-cinq mille, et il leur serait facile d'augmenter beaucoup ce nombre, s'ils disposaient de ressources matérielles plus considérables.

Aucune intimidation, aucune pression de qui que ce soit n'a été nécessaire pour cela. Les Malgaches ont tout intérêt, dans les circonstances présentes, à se montrer, à s'afficher français; ils ont pensé qu'il serait utile, à cet effet, de s'éloigner des Anglais et des Norwégiens et d'aller aux Français. On leur dit que désormais ils devront apprendre le Français; ils vont aux écoles dirigées par des Français. Il est vrai que les écoles anglaises et norvégiennes ont ouvert et ouvriront des cours de Français ; il le fallait bien ; mais, encore une fois, comment s'étonner que le Malgache préfère l'école des Français.

Nul besoin donc de chercher dans des agissements déloyaux la raison des gains faits par les écoles des Jésuites aux dépens des autres. Mais on conçoit le dépit des pasteurs devant cette débandade de leurs ouailles.

C'est pourquoi nos pasteurs français sont partis en guerre contre les Jésuites de Madagascar. Il leur faut, à tout prix, arrêter, paralyser la concurrence, qui menace de leur enlever à bref délai l'héritage qu'ils ont à peine commencé de recueillir. Voilà ce qu'il y a sous les grands mots de « liberté religieuse en péril », et au fond des doléances sur les prétendues persécutions que les protestants de Madagascar ont à souffrir de la part des missionnaires catholiques.

Personne, parmi ceux qui sont un peu au courant des affaires de ce pays-là, ne s'y est trompé. Pour preuve, on n'a qu'à lire le *Temps*, dont on connaît les attaches avec les les sommités protestantes, et qui n'est certes pas suspect de tendresse pour les Jésuites. Voici en quels termes il fait allusion au factum des pasteurs.

« On sait les complications et les conflits de toute nature qu'ont suscités les rivalités confessionnelles sur cette terre africaine évangélisée par diverses sociétés de missions. Nous ne pouvons nous faire ici juges de toutes les plaintes formulées. Personne ne met en doute les loyales intentions ni l'esprit libéral du général Gallieni. Les missionnaires protestants sont les premiers à lui rendre hommage. Le protestantisme était la religion de la cour, presque une religion d'Etat. Rien d'étonnant que les missionnaires catholiques aient tout fait pour dépouiller leurs rivaux de ce privilège, et que ceux-ci aient lutté, d'autre part, pour en sauvegarder au moins l'apparence. On peut donc bien reconnaître qu'il y a eu dans la lutte, comme dans toutes les luttes religieuses, des torts réciproques. »

On ne peut attendre du *Temps* qu'il donne tous les torts aux protestants, même anglais ; mais, à travers les circonlocutions qu'il emploie pour les ménager, on voit cependant clairement sa pensée, à savoir que les pasteurs protestants défendent contre leurs rivaux, non la liberté religieuse, mais leurs « privilèges », la possession où ils étaient jusqu'à présent de faire régner le protestantisme comme « religion d'Etat » à Madagascar.

Pour prouver que la campagne des pasteurs n'a pas d'autre justification, nous n'avons pas plus besoin que le *Temps* d'examiner en détail les plaintes qu'ils ont formulées contre les missionnaires catholiques. L'invraisemblance de ces accusation dans leur ensemble est trop évidente. Quel homme de sang froid peut croire que « les Jésuites ont entrepris l'extirpations systématique et violente du protestantisme » de l'île ? De quelle force disposent-ils donc pour cela ? Veut-on dire que le gouvernement de la République met à leur service ses soldats et ses fonctionnaires pour ces nouvelles dragonnades ? On n'ose émettre cette absurdité ; à peine on insinue que quelques représentants subalternes de l'autorité se sont faits les exécuteurs des projets des Jésuites ; on écrit que les violences commises contre la liberté religieuse des Malgaches ont été perpétrées à l'insu du général Gallieni, qui s'est toujours empressé de mettre ordre aux abus qui lui ont été signalés. Comment donc les missionnaires catholiques, même s'ils en avaient les moyens, pourraient-ils se livrer contre les protestants à une persécution systématique et générale, sans que le dépositaire du pouvoir civil en fût informé et sans s'attirer une sévère répression ?

Nous ne prétendons pas, au reste, que, dans cette nouvelle phase d'une lutte déjà si ancienne, et, pendant un certain temps plus aiguë que jamais, entre le protestantisme et le catholicisme à Madagascar, il n'y ait aucun tort du côté des catholiques. Si ceux-ci, après avoir eu tant à souffrir des sectateurs et des prêcheurs de la religion anglaise, avaient profité de leur liberté toute récente pour exercer quelques représailles, il n'y aurait là rien de bien étonnant. Toutefois, avant d'admettre que cela en effet a eu lieu, il faut d'autres preuves que les racontars recueillis par MM. Langa et Krüger, et qui ne reposent en dernière analyse que sur des témoignages malgaches, traduits à ces Messieurs par les missionnaires protestants.

Il suffit de lire quelques-uns de ces témoignages, pour voir combien le tout a besoin d'être contrôlé. Voici, par exemple, ce qu'écrit le pasteur indigène Rajoela.

« Le Père nous occasionne en ce moment beaucoup de difficultés. Il répète à tout le monde que le résident Alby a été chassé d'Antsirabé et mis aux fers parce qu'il était favorable aux protestants, et que le pasteur Langa, qui nous a dit que la France nous laissait libres de rester protestants pourvu que nous restions soumis aux lois de la République, a été envoyé à Paris où il sera décapité, que le général Gallieni et l'évêque doivent à l'avenir gouverner ensemble, avec les mêmes pouvoirs, etc. »

Et un pasteur norwégien écrit de Betafo :

« La population est terrifiée par le P. Félix. Un jour, il leur dit, et cela publiquement, que, s'ils ne se joignent pas à son église, ils seront fusillés; un autre jour, que la prison et les fers, ainsi que la confiscation de leurs biens, attendent tous ceux qui ne se feront pas catholiques. »

Cela peut prendre dans des pays autres que le nôtre. Mais le moyen de faire croire à des Français que nos missionnaires recourent à ces manœuvres encore plus ridicules que violentes. Il est vrai que les partisans des missions protestantes de Madagascar, pour rendre plus sympathiques les luthériens norvégiens, se recommandent d'Ibsen. Avouons franchement qu'après y avoir mûrement réfléchi, nous ne parvenons pas encore à voir ce que Ibsen vient faire dans cette affaire.

Il ne sera pas inutile de rappeler d'autres incidents un peu plus anciens, pour mettre dans un plus grand jour le caractère des apôtres du protestantisme à Madagascar et achever d'éclairer toute la situation.

Négligeant une quantité de faits typiques, que nous offriraient les années antérieures, nous ne remonterons pas plus haut qu'en juin 1896. On verra par là ce que le protestantisme pouvait encore oser, après l'occupation française, sous le gouvernement débonnaire de M. Laroche et à la veille de l'arrivée dans l'île du général Gallieni. Voici donc quelques extraits d'une lettre de Monseigneur Cazet, écrite de Tananarive, le 16 juin 1896, et qu'on ne peut par conséquent supposer rédigée en vue de répondre au factum protestant, bien qu'elle le réfute parfaitement, à l'avance.

« Aujourd'hui je vous parlerai des difficultés que les protestants anglais et norvégiens ont suscitées aux catholiques depuis l'occupation de Madagascar par la France. Elles ne vous étonneront pas, mais elles vous feront voir à quels moyens ils osent recourir pour entraver nos œuvres et l'influence française.

» Une des armes les plus puissantes dont les protestants se servirent longtemps, ce fut la loi deux cent quatre-vingt-seizième, qui défendait à tout élève inscrit dans une école de passer dans une autre, sous peine d'amende pour lui et pour le professeur qui le reçoit. Tout le monde savait et voyait pratiquement que cela voulait dire que tout élève inscrit chez les protestants ne pouvait pas venir chez les catholiques : c'est le but que s'étaient proposé les Anglais en faisant promulguer cette loi en 1881.

» Trois semaines après l'occupation de Tananarive par les troupes françaises, le R. P. Bardon arriva à la capitale et pria le général en chef d'abroger cette fameuse loi contre laquelle nous avions si souvent protesté. Le général lui répondit : « Elle n'existe plus ; désormais il y a liberté pour tous. » Malheureusement ce n'était qu'une parole, et quelque sincère qu'elle fût dans la bouche du brave général Duchesne, elle n'avait rien d'officiel ; aussi resta-t-elle sans résultat dans la province des Betsiléos, aussi bien que dans l'Imérina.

» Dans les premiers jours de janvier, on écrivait de Fianarantsoa :

» Les difficultés surgissent tous les jours. Il est évident que les Betsiléos se portent en masse vers nous, mais les Anglais et les Norvégiens surtout font tous leurs efforts pour arrêter ce mouvement. Ils proclament de nouveau la défense de changer d'école et disent des Français tout le mal qu'ils peuvent. Ils ne se contentent pas de parler, mais ils se livrent à des actes de violence. Quatre fois au moins leurs envoyés sont entrés dans nos emplacements, pour enlever de vive force des élèves qui viennent librement étudier chez nous. Dernièrement, du côté d'Ambohitrandrazana, ils ont enfoncé notre porte et ont blessé à la tête Casimir, notre maître d'école, et un chef de la réunion catholique. »

» Quelques jours après, un autre missionnaire m'écrivait : « Les dix à douze attentats déjà commis, soit contre nos maîtres d'école, soit contre le P. Delmont, sont tous restés impunis. Depuis, une bande d'une quarantaine d'élèves des Anglais a parcouru la campagne d'Ambohibarahena, garrottant les élèves, frappant le maître d'école catholique, etc... Nous avons porté plainte au gouverneur hova ; mais il ne bouge pas. »

» Des Betsiléos, passons à Betafo, chef-lieu d'une province dont on vient d'augmenter l'importance ; on y a placé un résident français et un gouverneur général malgache, dont la juridiction s'étend sur plusieurs petites provinces. Quand, après l'expédition, le P. Félix alla reprendre possession de ce poste central, duquel dépendent environ soixante autres postes, les luthériens de Norvège recommencèrent leur persécution avec plus d'audace que jamais. Les deux faits suivants suffiront pour bien faire connaître les apôtres du pur Evangile à Madagascar.

» Dans un village appelé Ankabahova, notre professeur faisait la classe à ses élèves dans la chapelle catholique; tout à coup une foule de gros gaillards luthériens envahissent la chapelle pour saisir un ou deux de leurs élèves passés chez nous, et ils les frappent brutalement ; les nôtres se défendent ; on sort de la chapelle. Bientôt le combat recommence de plus belle dans la rue. Informé par plusieurs témoins oculaires, le P. Félix s'empresse de m'écrire les détails de cette attaque. J'envoie la lettre au résident général et celui-ci fait partir pour Betafo un fonctionnaire, chargé d'examiner l'affaire. Ce fonctionnaire se rend à Ankabahova, où il avait convoqué les deux partis. Nos élèves racontent simplement comment les choses s'étaient passées ; ils répondent, sans se contredire, aux questions inattendues qui leur sont posées. De leur côté, les ennemis, fidèles au mot d'ordre reçu, nient tout : ils ne sont pas entrés dans la chapelle, ils n'ont frappé personne, ils n'ont pas engagé de lutte dans la rue, tout le monde sans doute a été témoin, n'importe : tout le monde ment ; eux seuls disent vrai ! On les croit et on les renvoie impunis !

» Cette impunité fut un vrai triomphe pour l'hérésie. « Hier, dimanche, 15 mars, écrit le P. Félix, six postes luthériens étaient réunis à Mandritsara pour se réjouir de l'heureuse issue de leur mauvaise affaire. Pourquoi ce grand jour de réjouissance ? C'est parce qu'ils avaient échappé à une condamnation tellement méritée, qu'ils n'avaient aucun espoir de l'éviter. »

» Trois jours après cette manifestation victorieuse, le Père Félix m'envoyait le récit d'un nouvel exploit. Voici sa lettre du 18 mars :

« Hier matin, un nommé Rainivonialimanga allait à Ambohibary pour affaires, et il conduisait avec lui son fils Kotovao, enfant âgé de dix à onze ans, notre élève, qui se rendait en classe. En chemin, il est accosté par Ravonimbahatra, pasteur luthérien.

» — Pourquoi, lui demande celui-ci, ton fils n'étudie-t-il pas chez nous ?

» — Mon fils est élève chez les catholiques.

» — Je veux qu'il étudie chez nous.

» — Je t'ai dit que mon fils est élève chez les catholiques, il y restera. Avant de venir dans ce pays, nous étions à Vinaninkarena, et nous nous réunissions chez les catholiques. Depuis notre arrivée ici, il y a plusieurs années, nous avons toujours été avec les Pères ; nous ne sommes pas entrés, même une seule fois, dans ton temple, et mon enfant n'est jamais allé dans ta classe ; nous ne voulons pas changer. »

» Alors Ravonimbahatra furieux se jette sur ce pauvre homme, et l'assomme à coups de poings. A la fin il prend un bâton et en assène un coup violent au-dessus de l'œil, où il lui fait une blessure que j'ai vue moi-même. Sur ce, il prend l'enfant et l'enmène de force chez lui.

» La terreur inspirée par les luthériens dans tout le pays et surtout dans cette contrée par ce faux pasteur, est telle que notre homme n'a pas osé résister. Ce matin, six ou sept personnes m'ont raconté cette histoire. J'ai adressé une plainte à Rabanona, gouverneur d'Antsirabé, dont dépend Ilempona. Mais quoi que fasse ce gouverneur, qui sera sûrement un peu embarrassé, je veux, dès à présent, vous faire connaître ce fait, afin que vous puissiez en suivre les diverses phases.

» J'aurais bien des détails à vous donner sur le district d'Ambositra ; vous y verriez la même audace, la même mauvaise foi chez les protestants, la même mauvaise volonté chez les officiers hovas, pour terminer les affaires conformément à la justice ; mais ces détails m'amèneraient trop loin : je me borne donc à vous citer une lettre du P. Fabre ; elle se passe de tout commentaire.

Ambositra, 1er avril.

» Je crois vous avoir dit que le gouverneur avait fait des avances pour renouer nos bons rapports, promettant de traiter sur le même pied catholiques et protestants. J'avais accepté avec joie ce rapprochement... Pendant une semaine on m'accabla d'égards et de démonstrations d'amitié. Tout cela n'était que de l'eau bénite de cour et n'avait pour but que de cacher tous les embarras que les protestants suscitaient sous main, et ce qu'ils faisaient pour décourager et effrayer en public nos maîtres d'école et nos adhérents. L'inscription des élèves se faisait pendant que notre amitié semblait la plus sincère. Mais ils avaient eu soin auparavant de faire circuler le bruit que les Français conduisaient en France tous leurs élèves et leurs adhérents, que la guerre éclaterait entre Français et Anglais, et que ces derniers seraient à la fin maîtres de Madagascar. Ce bruit a presque vidé nos deux écoles d'Imady.

» Un Malgache, nommé Andriantsilaozana, très ardent à donner corps à ces bruits mensongers, s'était fait prendre ; j'avais trois témoins. Cette affaire fournit l'occasion de mettre en pleine lumière l'hostilité du gouverneur, de Ratsimba, 10e honneur, et de Ranaivo, 10e honneur. »

Le Père raconte ensuite comment il lui a été impossible d'obtenir la moindre satisfaction.

« Voici, continue-t-il, ce qu'une demoiselle anglaise, maîtresse d'école à Ambositra, a dit, en plein temple, dans son prêche du dimanche 15 mars, et cela en présence du gouverneur et des officiers hovas : « Maintenant la reine donne pleine liberté; chacun peut passer où il veut, soit les adhérents, soit les élèves. Cependant examinez par ses œuvres quelle est la vraie religion. Nous sommes venus ici, nous Anglais, après avoir fait avec vous, Malgaches, un traité d'amitié : nous ne l'avons pas violé. Les Français sont venus aussi, et deux fois ils ont rompu leur traité, et à la fin le pays est tombé en leur pouvoir ; par conséquent, pensez-y ! » A ces mots, tous les Malgaches s'écrièrent d'une seule voix : « C'est vrai ! » J'atteste l'authenticité de ces paroles. »

» Dans la province de l'Imérina, du moins, en présence des autorités française et malgache, avons-nous trouvé plus de liberté, plus de bonne foi, plus de tranquillité? Pas toujours, pas partout, tant s'en faut, et l'exécution de la fameuse loi, qui défendait à tout élève inscrit dans une école d'étudier dans une autre, était urgée avec une rigueur qu'elle ne comportait pas. Ainsi, pour ne citer qu'un fait, le 9 mars, on nous écrivait que dans un village, assez près de la capitale, le gouverneur empêchait les grandes personnes, aussi bien que les élèves, de passer chez les catholiques. « N'embrassez pas, disait-il à ses administrés, une religion qui n'est pas celle de la reine : ce serait une honte pour nous tous, et ne laissez pas vos enfants passer chez les catholiques. Du reste quiconque passera chez eux, sera condamné à une amende de trois bœufs et de trois piastres (quinze francs). » Les Malgaches, crédules et timides à l'excès, sont effrayés par un pareil langage, surtout quand il est tenu par l'autorité militaire ou administrative. »

Ces complications devaient exiger du général Gallieni tout à la fois beaucoup de prudence et de fermeté. Il ne manqua ni de l'une, ni de l'autre.

On l'a cependant vivement attaqué, lui reprochant non

sans amertume de ne point garder entre le protestantisme et le catholicisme une assez stricte impartialité.

Rien, dans la conduite du général, ne justifie ce reproche, qui est, d'ailleurs, réfuté par les termes mêmes de la circulaire du 9 octobre, adressée par le général à ses subordonnés, à propos de la question religieuse :

« Je n'ai pas besoin, leur dit-il, de vous recommander d'observer la plus stricte neutralité en matière religieuse ; les instructions de Monsieur le Ministre des Colonies sont formelles sur ce point, et nous devons nous inspirer, à ce sujet, des larges idées de tolérance qui sont dans les traditions de notre pays, et que la France a su introduire dans toutes ses possessions d'outre-mer.

» Vous devez donc témoigner une égale bienveillance aux prêtres et aux pasteurs ; mais en leur faisant en même temps comprendre que, s'ils veulent étendre leur action en dehors du domaine spirituel, ce n'est qu'à la condition qu'ils nous fournissent leur concours pour l'œuvre de pacification et de civilisation que nous avons entreprise à Madagascar. Tous actes, toutes paroles, qui seraient de nature à nuire au prestige et à l'influence du nom français, entraîneraient aussitôt la fermeture du bâtiment religieux où le fait aurait eu lieu et la punition du coupable. »

Une ligne de conduite si nettement tracée n'a pas été moins fidèlement suivie. Pour s'en convaincre, on n'a qu'à jeter les yeux sur une lettre-circulaire de Monseigneur Cazet aux membres de la mission catholique :

Tananarive, 18 février 1897.

» Mes Révérends Pères,

» Par la circulaire du général Gallieni en date du 13 février,

Rainilaiarivony (ex-premier ministre).

vous avez vu avec quelle énergie il insiste auprès des autorités françaises et indigènes pour qu'elles observent fidèlement la neutralité religieuse, qu'elles n'exercent aucune pression et qu'elles laissent les Malgaches libres d'embrasser la religion qu'il leur plaira. Le général s'appuie sur le passage suivant d'une récente dépêche de Monsieur le Ministre des colonies : « Je ne saurais admettre que les querelles religieuses puissent être une occasion de troubles dans la colonie, et je blâmerais les autorités locales qui hésiteraient à réprimer immédiatement les fauteurs de désordre, à quelque confession qu'ils appartiennent. »

» Nous ne saurions trop, mes révérends pères, entrer dans l'esprit de cette circulaire et de cette dépêche au sujet de la liberté de religion et d'enseignement ; c'est vers cette liberté que nous avons longtemps, mais en vain aspiré. Maintenant qu'on nous l'a accordée, usons-en, mais dans un esprit de douceur et de paix, évitant et faisant éviter avec soin par nos adhérents, comme nous avons fait jusqu'ici, tout ce qui serait de nature à occasionner le moindre trouble parmi les Malgaches.

» Entrant d'avance, il y a plusieurs semaines, dans les intentions du gouvernement français, je vous ai recommandé de ne jamais écrire aux autorités locales pour ce qui concerne les questions d'ordre purement spirituel, questions dans lesquelles il leur est défendu de s'immiscer. Dans notre réunion mensuelle du 17 février, j'ai renouvelé cette recommandation avec plus d'insistance, et je vous ai vivement exhortés à vous pénétrer de plus en plus, au milieu des difficultés qui peuvent se présenter, d'un esprit de douceur, de patience, de bonté à l'égard de tous. C'est dans cet esprit que vous avez agi jusqu'ici, et, sans que nous nous en doutions, on en a été frappé. Voici en effet ce que m'écrivait, le 25 octobre dernier, un capitaine, qui après avoir fait l'expédition et séjourné plusieurs mois à Tananarive, a été rappelé en France : « Votre patience pendant le temps d'épreuves que vous venez de traverser vous a encore grandis dans l'estime générale, et c'est avec respect que les officiers du corps expéditionnaire parlent des Pères qu'ils ont pu apprécier et aimer. »

» Continuons, mes révérends pères, à pratiquer cette patience et cette longanimité et à ne nous occuper en rien des affaires publiques, si ce n'est pour demander à Dieu qu'elles progressent pour le bien de la France et de Madagascar. Nous nous conformerons ainsi à une maxime de saint Ignace qui disait : « Le moindre bien fait avec calme et édification me semble préférable à de plus grandes choses propres à entraîner du trouble et du scandale. »

» Vous me demanderez peut-être ce que vous devez faire, quand il se passe des faits dans le genre de ceux que me signale le R. P. Dupuy dans sa lettre du 17 de ce mois : « Les pasteurs luthériens malgaches (district d'Autsirabe) continuent, dit-il, leurs exploits de jadis. Depuis quinze jours ils ont dispersé trois de nos classes, frappé nos instituteurs et emmené de force plusieurs élèves. » Dans des cas analogues, vous recommanderez à vos adhérents, élèves ou autres, de ne jamais mettre le tort de leur côté ; ensuite, après vous être assurés des circonstances du fait, vous tâcherez d'obtenir des opposants, par vos aides malgaches ou par vous-mêmes, qu'ils respectent la liberté des catholiques, comme ceux-ci respectent celle des protestants. Si vos démarches échouent, vos adhérents porteront plainte à l'autorité locale qui, conformément aux instructions de Monsieur le Ministre, « n'hésitera pas à réprimer immédiatement les fauteurs de désordre, à quelque confession qu'ils appartiennent ».

» S'il est nécessaire que vous interveniez par écrit, vous ne le ferez qu'après m'avoir informé de tout ce qui s'est passé, et reçu ma réponse.

» Telles sont, mes révérends pères, les recommandations

que j'ai cru devoir vous renouveler en vue de la paix commune et de l'avancement des œuvres de la mission.

» † JEAN-BAPTISTE, S.-J.,

Vicaire apostolique de Madagascar Sept. »

Un témoin oculaire des grands événements survenus à Madagascar depuis l'arrivée du général Gallieni, parlant du sujet que nous traitons, a écrit les lignes suivantes, qui nous serviront de conclusion :

« Il se peut que le général ait eu plus d'occasions de témoigner sa satisfaction aux missionnaires jésuites qu'aux ministres protestants. C'est que les premiers, tous Français, sont, aux yeux des populations malgaches, les premiers représentants de l'influence française qu'ils servent, en effet, de tout leur pouvoir, de même que tous les catholiques, du reste ; tandis que les seconds passent pour être, en général, favorables à l'Angleterre, opinion que les faits n'ont d'ailleurs que trop souvent justifiée.

» J'ai acquis la preuve que la plupart des pasteurs malgaches, autant qu'anglais, employaient le plus clair de leur temps et de leur zèle à nous combattre et à nous ridiculiser aux yeux des indigènes. Enfin, on n'ôtera pas du moins de sitôt, de l'esprit des populations, que qui dit protestant dit Anglais, qui dit catholique dit Français. C'est un fait contre lequel toutes les déclamations ne peuvent rien. »

VII

ENCORE LES ANGLAIS

La question des écoles, on le comprend sans peine, offrait à Madagascar un intérêt capital. Le général Gallieni ne l'ignorait pas, et on s'en préoccupait à Paris, témoin le passage d'une dépêche du 8 juillet 1896 au Résident général :

« La question des écoles, en dehors de celle des missions proprement dites, doit appeler très particulièrement aussi votre attention. Je n'ignore pas que les missions étrangères, anglaises et norvégiennes, ont fait connaître à mon prédécesseur, en lui envoyant une délégation de pasteurs qui lui a été présentée par un membre du gouvernement anglais, qu'elles allaient organiser dans leurs nombreuses écoles des cours de français ; je sais également que ces cours élémentaires sont d'ores et déjà ouverts sur différents points de l'île, et que les maîtres qui en sont chargés s'apprêtent à rivaliser avec les Jésuites et les Frères des écoles chrétiennes ; mais nous ne pouvons pas nous contenter désormais d'encourager l'étude de la langue française pour les jeunes indigènes qui fréquentent les cours. Nous avons à tenir la main à ce que l'ensemble des programmes d'enseignement soit remanié de manière à se rapprocher autant que possible de ceux de nos écoles similaires. Nous avons enfin à exercer notre action sur les maîtres qui dirigent ces diverses écoles et qui, en majeure partie, sont des indigènes. Pour que cette action se fasse bien sentir, nous devons surveiller de près les écoles normales qui fonctionnent à Tananarive notamment et d'où sortent les éducateurs des populations diverses de la grande île, jusqu'au moment où il nous sera possible d'en assumer nous-mêmes la direction. Il faut, en un mot, que ces maîtres d'école de tous degrés se conforment à un programme qui émane de nous et qui soit compris de manière à développer dans l'esprit des professeurs, et par suite des élèves, le culte de la France. »

Ce n'étaient là que des indications, assez précises il est vrai, sur la marche à suivre. Mais il fallait en venir aux actes, et là était le péril. Une des premières décisions prises par le général Gallieni fut d'exiger la connaissance de la langue française de tout indigène qui solliciterait des fonctions administratives ; nul n'en put contester le principe. La seconde, autour de laquelle de gros débats furent soulevés, consista dans la réquisition, puis dans l'expropriation de l'hôpital anglais de Tananarive, et dans la réorganisation de l'école médicale qui y était annexée.

Les deux principales missions anglaises tenaient depuis 1889 du gouvernement malgache la jouissance d'un terrain, à charge d'y entretenir un hôpital, mais il résultait des lois générales malgaches aussi bien que de l'acte de concession lui-même que la propriété du terrain et des constructions était réservée à la reine. Or, en vue de convertir en droit définitif et incommutable le droit précaire qu'elles possédaient, les missions demandèrent, à la fin de 1896, l'immatriculation des immeubles à leur nom. Si on eût fait droit à leur demande, toute la question des concessions plus ou moins fantaisistes accordées par le gouvernement malgache avant 1895 aurait été engagée de la façon la plus déplorable : des millions d'hectares auraient été soustraits à la colonisation française.

Le général Gallieni riposta, le 15 novembre, par un arrêté de réquistion de l'hôpital, devenu indispensable pour le service de la garnison; il nomma une commission chargée d'évaluer l'indemnité qui devrait être payée aux missions pour la valeur du matériel; et, le 10 décembre, il subordonna l'exercice de la profession médicale dans l'île à la possession d'un diplôme français, sauf autorisation pour les médecins déjà en fonctions à continuer leur métier.

Ces mesures donnaient satisfaction aux besoins les plus impérieux du moment, en même temps qu'elles dépouillaient les Anglais de leurs instruments d'action les plus puissants. Attaquées devant les juridictions compétentes, elles furent validées par celles-ci. Portées sur le terrain diplomatique, elles donnèrent bientôt lieu à un arrangement amiable; ce qui importait à la France, c'était d'affirmer son droit de prédominance et de proclamer la précarité juridique des anciennes concessions malgaches; le but atteint, il était habile et utile de ne point se donner l'apparence de léser des intérêts respectables; bien qu'en droit strict, rien ne fût dû aux missions pour les bâtiments de l'hôpital, une indemnité raisonnable leur fut accordée peu après par le général Gallieni.

De la solution de cette première question découla tout naturellement celle d'autres problèmes analogues ; tous les terrains et constructions, — c'étaient les meilleurs de Tananarive, — occupés par les missions anglaises pour les multiples institutions qu'elles entretenaient, étaient placés sous le même régime de précarité que l'hôpital. Devant la volonté formelle de l'autorité française, les missions n'insistèrent pas pour en revendiquer la propriété intégrale ; en février 1897, une transaction intervint, par laquelle quelques édifices seulement leur furent attribués à titre définitif et incommutable, à charge pour elles d'abandonner les autres aux écoles ou services divers qu'y voulait installer le général Gallieni.

Mais la limitation nécessaire de l'influence anglaise sur ce terrain, comme en matière d'enseignement et de soins médicaux, ne devait pas aller jusqu'à favoriser des conversions religieuses plus ou moins sincères de la part des Malgaches; la question de la jouissance des édifices communaux consacrés au culte fournit au gouvernement central ainsi qu'à l'autorité locale l'occasion de prouver qu'ils ne se prêteraient à aucune opération de ce genre. Ces édifices construits le plus souvent, jadis, avec la corvée indigène, étaient la propriété des villages, et avaient été affectés par la volonté de ceux-ci au service du culte, catholique ou protestant, suivant les cas.

Or, au lendemain de l'occupation et par le seul fait qu'ils voyaient tel ou tel fonctionnaire ou officier fréquenter le culte catholique, certains villages avaient cru favorable à leurs intérêts de se convertir en masse à la religion romaine, puis, la conversion accomplie, de prononcer la désaffectation du temple et sa transformation en chapelle. S'il y eût eu dans ce mouvement l'ombre d'un sentiment respectable, il aurait convenu de laisser faire; mais ce n'était là qu'une manifestation de servilité inconsidérée, sans un intérêt pratique pour la domination française, et qui risquait de froisser légitimement les protestants.

C'était bien le moins du reste que, pour éprouver le zèle des convertis, on les obligeât à s'imposer quelques sacrifices, si telle était réellement leur conviction. Tout en maintenant expressément le caractère communal des édifices religieux, le ministre prescrivit donc au gouverneur général, par un dépêche du 9 janvier 1897, d'inviter ses subordonnés, sous leur responsabilité personnelle, à n'en autoriser en aucun cas l'affectation à un culte autre que celui auquel ils étaient antérieurement destinés » ; et dans un télégramme du 2 mars il réitéra l'ordre « de ne pas sembler favoriser des conversions collectives purement factices, de respecter les désaffectations accomplies, mais d'éviter qu'on en fît de nouvelles. » Ces instructions formelles, aussitôt transmises à qui de droit, jetèrent d'abord quelque émoi parmi les catholiques, mais le général Gallieni ne tarda pas à remercier le ministre pour l'aide qu'elles lui avaient apportée dans le règlement d'interminables conflits.

Grâce à cette politique prudente et ferme, dont les péripéties variées de la lutte ne firent pas un seul instant dévier le gouvernement, les troubles religieux s'apaisèrent peu à peu. On n'avait eu besoin de rien briser, mais seulement d'user d'une infinie patience, pour arriver à faire concourir tous les éléments français, catholiques, protestants ou laïques, à la pacification et à la francisation. Il n'était point jusqu'aux missionnaires anglais qui n'y collaborassent désormais ; leur race n'a pas coutume de s'obstiner inutilement quand elle se heurte à une volonté plus forte et tout aussi réfléchie que la sienne. Dans celles de leurs écoles qui subsistaient sous leur direction propre, ils enseignaient maintenant le français, suivant le programme et sous le contrôle de nos autorités scolaires. En octobre 1897, ils répandirent à profusion parmi les indigènes des circulaires répudiant expressément toutes relations avec les ennemis de notre domination. Nul d'ailleurs, depuis l'exil de la reine Ranavalo, n'était tenté d'aller chercher auprès d'eux une assistance politique que la France n'eût pas tolérée un instant de leur part.

VIII

LES ESCLAVES

Nous avons déjà vu qu'avant de quitter l'île de Madagascar, brusquement et sans aucune précaution, M. Laroche avait promulgué le décret qui abolissait l'esclavage.

Avant d'indiquer les mesures qui permirent au général Gallieni de triompher des difficultés qu'une pareille décision allait lui susciter, il est bon de donner quelques détails sur l'esclavage à Madagascar.

Il ne ressemblait en rien à l'esclavage tel que nous sommes habitués à le concevoir, c'est-à-dire à l'esclavage antique, à celui qui existait naguère encore dans l'une et l'autre Amérique, à celui qui subsiste aujourd'hui sur le continent africain. Il ne sert de rien, en effet, d'exagérer même pour un bon motif, et nous ne devons avoir souci, également en fait d'esclavage, que de dire la vérité. « Des nombreuses observations qui ont été recueillies, il résulte, a écrit M. Hanotaux, que l'esclavage revêt à Madagascar un caractère particulier qui le différencie sensiblement de l'esclavage africain. Dans la pratique, il paraît être devenu une sorte de servage domestique. »

Tout cela est sensiblement vrai.

Quelques-uns de ces esclaves, mais en petit nombre, habitaient sous le toit du maître, où ils étaient chargés, de concert avec les enfants et la maîtresse de la maison des travaux de chaque jour, des soins domestiques, de l'éducation des enfants. Et alors, ils étaient considérés et traités à peu près comme des membres de la famille, quoique à un degré inférieur. Et cela était tellement vrai que le même mot aukisy, — serviteur, — était employé indifféremment pour désigner et les enfants et les esclaves. Il y a plus ; c'était l'un d'eux qui était l'intendant de la maison, qui distribuait à chacun sa tâche, surveillait toutes les dépenses, possédait toutes les clefs. Les esclaves étaient choisis, pour ce service, selon la bonne volonté du maître, généralement parce qu'ils lui inspiraient plus de confiance ; ils pouvaient du reste, les changer quand bon lui semblait. Ordinairement, c'étaient de jeunes garçons, de petites filles non mariées, ou une femme relativement âgée et qui devait veiller sur ses enfants, qu'il préférait.

Mais la plupart des esclaves vivaient à part dans leur case, avec leurs femmes et les enfants, chargés de pourvoir eux-mêmes à leur propre subsistance et d'élever leur famille. L'habitation leur appartenait d'ordinaire, et ils possédaient en plus, presque toujours, un champ de manioc, une petite rizière, une vache, un porc, de la volaille, voire même d'autres esclaves. Tout leur service consistait dans quelques corvées qu'ils devaient partager avec les autres esclaves du même maître.

Préparez le riz, puiser l'eau à la fontaine, balayer la maison, enlever les cendres, aller chercher le bois sec, laver les assiettes, porter le fumier dans les champs, arracher les mauvaises herbes, porter les matériaux pour les constructions, etc., voilà pour les femmes.

Porter leur maître et ses paquets, lui faire escorte dans ses expéditions ou ailleurs, couper l'herbe pour les bœufs, cultiver les rizières, entretenir sa propriété, le pousser lui-même dans les montées un peu rudes pour lui en alléger la fatigue, etc., voilà pour les hommes.

Cela prenait à chacun en moyenne le douzième de son temps, l'équivalent d'un mois par année ; il pouvait consacrer le reste à ses propres affaires.

D'ailleurs, si cette corvée lui déplaisait, il pouvait ou s'en exempter, ou se faire remplacer par un camarade en donnant un bout d'argent.

Plus le maître était riche, moins d'ordinaire ses esclaves avaient à travailler.

On cite un neveu de l'ancien premier ministre dont la plupart des esclaves devaient, pour tout service, lui apporter un fagot de bois au moment de la fête du Bain, et recevoir, en échange, un morceau de viande. Il est vrai que ce maître disposait à son gré de la corvée des gens libres.

Cela allait si loin, que certains ne pouvaient plus rien obtenir de leurs esclaves. Ainsi le prince Raomanina, à Ambohibeloma, parvenait à grand'peine, parmi ses nombreux esclaves, à recruter quelques porteurs, lorsqu'il en avait besoin. Un jour, il voulait faire creuser un petit réservoir, et, à cet effet, convoqua tout son monde. Son fils y était ; lui-même y allait à chaque instant. Or chaque homme, pendant une journée entière, ne faisait pas le travail d'un bon ouvrier pendant une demi-heure.

La culture des rizières, travail national, dont chacun comprend l'importance, avait seule le don de secouer cette apathie, et il était reçu alors de se hâter, toujours cependant avec une sage lenteur.

Rien de plus suggestif, à ce sujet, que le trait suivant :

Il y a quelques années, M. Rigaut bâtissait une villa pour le tout-puissant Rainilaiarivony. Il avait en particulier un petit lac à creuser, et ce travail devait être fait par les esclaves si nombreux du maître. Cependant le temps se passait et rien ne faisait. Surpris d'abord, puis ennuyé, M. Rigaut finit, après quelques semaines, par en référer au premier ministre, qui se mit à rire et fit exécuter le même travail par la main libre, par la corvée.

Evidemment c'étaient là des exceptions, mais elles n'en avaient pas moins une réelle importance, parce qu'elles indiquaient une tendance et traduisaient une habitude presque universellement reçue.

Si le maître n'était pas riche et que ses esclaves fussent moins nombreux, le travail qu'il exigeait d'eux était d'autant plus considérable. D'habitude alors l'esclave habitait dans la maison du maître sur le pied d'égalité avec les membres de la famille; il arrivait même, afin d'éviter la convoitise toujours à craindre des grands et du pouvoir, qu'on le faisait passer pour un parent. Mais il était suivi et surveillé de près, et devait, s'il travaillait au dehors, donner fidèlement à son propriétaire une bonne partie de ce qu'il gagnait.

Outre ces esclaves qui vivaient ainsi avec leur maître, ou tout au moins à côté de lui, les riches propriétaires en possédaient d'autres, les *esclaves cultivateurs*. Ceux-là travaillaient leurs rizières et gardaient leurs troupeaux, surtout dans les villages ou même dans les provinces lointaines, chez les Betsileos et les Antsinahaka, en particulier, où les riches Hovas ont d'immenses propriétés et un grand nombre de bœufs. Ils étaient soumis à un intendant, à un aide de camp quelconque et naturellement, ils étaient d'autant plus indépendants qu'ils étaient plus loin; et, à côté du champ de leurs maîtres et au milieu de ses troupeaux, ils possédaient chacun leur propre champ ou leurs propres bœufs qu'ils faisaient propérer en même temps que ceux du seigneur, quelquefois plus vite. Parfois même, certains se permettaient de vendre toute la récolte ou le troupeau entier, pour aller en dépenser le prix à leur propre avantage, dans une province éloignée. Le fait était cependant assez rare.

Enfin, il y avait les *esclaves porteurs*, jeunes, vigoureux. pleins d'entrain, toujours prêts à transporter les voyageurs, surtout les étrangers, jusqu'au bout de l'île, sûrs et fidèles d'ordinaire, mais âpres au gain et insatiables de plaisirs.

Ils étaient réunis en une sorte de corporation, avec leurs lois et leurs coutumes particulières, et ils composaient à eux seuls une armée plus nombreuse que celle de l'Etat. Il n'y avait pas de famille riche qui n'en possédât un certain nombre, et c'était l'ambition de tout jeune esclave de devenir porteur. « Cette classe d'esclaves porteurs, dit très bien un missionnaire, est la plus heureuse de toutes et l'on envie son sort; d'abord parce que la jeunesse seule la compose, parce qu'elle gagne ensuite beaucoup d'argent en peu de temps, et qu'enfin sa manière de vivre est mieux adaptée au caractère et aux mœurs populaires.

« Le Malgache, en effet, aime le plaisir et les jeux; il est inconstant et un peu nomade. Or le porteur s'amuse tous les soirs. Il chante, danse, boit, mange et dort comme il veut. Il se promène dans l'île. Il est content et voudrait rester jeune toujours, afin d'avoir la force de remplir son heureux rôle jusqu'à la fin de sa vie. »

Malheureusement les forces s'usaient vite à cette vie de fatigues et de débauches. Bientôt ses compagnons ne voulaient plus de lui. De porteur de personnes, il devenait alors cette espèce de bête de somme que l'on appelle porteur de paquets, puis un pauvre misérable mourant de faim.

De même que les esclaves loués à des Européens devaient donner une partie de leurs gages à leur maître, de même les porteurs partageaient en principe avec lui leurs bénéfices. Mais en pratique ils étaient loin de se conformer à cette règle. Ou bien leurs maîtres étaient trop grands seigneurs pour exiger impérieusement ce qui leur était dû, se contentant d'ordinaire de quelques minces cadeaux en argent ; ou bien le porteur tournait la difficulté, en dépensant tout sur sa route et ne rapportant rien du tout qui pût être partagé.

Seuls, quelques maîtres, ayant peu d'esclaves, et les connaissant fort bien, pouvaient les suivre d'assez près pour se faire remettre fidèlement le tiers ou la moitié de leurs gains. Et il va sans dire que ceux-là avaient mauvaise réputation.

« On s'accorde à reconnaître, a écrit M. Hanotaux, que les Hovas sont doux et humains envers leurs esclaves et que la condition de ces derniers n'est point matériellement malheureuse. »

On ne les maltraitait, en effet, généralement pas. Le maître pouvait les punir, les frapper du fouet, les mettre aux fers. Mais il lui était interdit de se servir, pour les châtier, d'un objet en fer, et il ne devait pas faire couler leur sang, à plus forte raison ; les mettre à mort, sous peine d'encourir la même peine, la Reine seule ayant le droit de vie et mort sur ses sujets.

Ce qui ne veut pas dire qu'on ne les tuât jamais.

On citait couramment à Tananarive le nom d'un des neveux du premier ministre qui, chaque année, faisait ouvrir le ventre d'un de ses esclaves afin d'y lire l'avenir. D'autres fois, il faisait enterrer vivant un esclave récalcitrant, et sa réputation de cruauté était tellement établie, qu'elle était devenue proverbiale, et que, pour faire plier un esclave rebelle, on n'avait qu'à le menacer de le vendre à cet individu.

D'autres fois, comme il était impossible pratiquement de faire condamner un esclave en jugement, on les exécutait soi-même secrètement, par le poison ou autrement. Ainsi d'après un missionnaire, ce fait venait d'arriver dans l'Ouest, aux environs d'Ambohibeloma, un peu avant la guerre, et les parents de l'esclave menaçant son maître d'un procès, celui-ci avait dû s'exécuter et acheter leur silence par de l'argent.

Cependant les maîtres n'étaient pas d'ordinaire cruels envers leurs esclaves. Ainsi le même missionnaire que nous avons déjà cité avouait que « en vingt-quatre ans, il n'avait vu que quatre maîtres maltraiter leurs esclaves ».

A cela, il y avait deux causes principales :

1° La douceur assez grande des mœurs chez les Hovas, et l'opinion publique.

2° L'intérêt, surtout quand il s'agissait des hommes. Car rien ne leur était plus facile que de quitter le maître dont ils avaient à se plaindre, et de s'enfuir au loin, où la police malgache ne serait certainement pas allée les rejoindre. Là, ils n'auraient pas tardé à se créer une autre famille ; ou bien, plus souvent, ils pouvaient se joindre aux bandes de *fahavolo* qui désolaient le pays. Ces esclaves fugitifs étaient en réalité assez nombreux, surtout en certaines contrées, où ils se réfugiaient de préférence, et dont ils devenaient véritablement les maîtres. Tel de ces refuges, par exemple celui de Soamady, était fort respecté de l'Etat lui-même parce qu'il lui eût été facile d'armer plusieurs milliers d'hommes décidés et capables de se défendre.

L'esclave hova n'avait pas de personnalité civile.

Mais, en revanche, il était exempt de tout impôt, et ce n'était que par un véritable abus que l'un des derniers premiers ministres les avait soumis à l'impôt de la piastre ; il n'était pas soumis au service militaire, et Dieu sait quel privilège cette exemption constituait pour un Hova qui ne déteste rien tant que le métier des armes ; il ne devait pas, non plus, la corvée d'Etat, souvent plus dure que celle des maîtres, sauf que parfois il remplaçait ces derniers pour certaines corvées manuelles.

Nous aurions encore fort à dire sur l'esclavage à Mada-

gascar. Mais ce qui précède suffira au lecteur pour mieux comprendre ce que nous avons à exposer.

L'affranchissement des esclaves constituait une mesure grosse de difficultés. La fortune mobilière malgache, surtout en pays hova, et l'organisation du travail agricole reposaient en grande partie sur l'institution de l'esclavage. On comptait au moins trois cent mille esclaves en Emyrne, cent mille dans les autres provinces soumises aux Hovas. Evalués au taux légal, ils représentaient un capital de 75.000.000 ; on comptait parmi eux à peu près cent vingt-cinq mille travailleurs valides. A l'exception d'environ vingt mille porteurs, d'un petit nombre de marchands au détail, tous ces hommes étaient occupés aux travaux agricoles proprement dits ou à l'élevage.

Ces données permettent de se rendre compte du trouble profond que risquait de provoquer une modification subite du régime sur lequel reposait en partie l'organisation sociale et économique des régions de Madagascar où dominaient les Hovas.

Aussi, pendant la période qui suivit l'entrée de nos troupes à Tananarive, le résident général se borna-t-il à prendre quelques dispositions de nature à manifester les intentions restrictives du gouvernement de la colonie. Par ordre du 26 mai 1896, on supprima la perception des taxes à laquelle donnaient lieu officiellement jusqu'alors les transactions portant sur les esclaves. Des instructions officieuses interdirent leur mise en vente sur le zoma de Tananarive et sur les principaux marchés de l'Imérina. Un ordre du 20 août, rappelant la loi malgache du 6 juillet 1878, défendit de séparer de leurs parents les enfants âgés de moins de quinze ans, sous peine de confiscation de biens.

Ces diverses prescriptions ne modifiaient guère l'état de choses existant. Elles auraient eu, en d'autres circonstances, l'avantage de préparer peu à peu l'opinion malgache à un changement inévitable, mais à l'époque où elles paraissaient, de tels atermoiements étaient devenus sans effet. L'insurrection était étendue dans toute l'Imérina, De ce fait, la situation était renversée; autant il était inutile de chercher à ménager les Hovas, résolument hostiles, autant il était opportun de créer immédiatement dans la catégorie des libérés le noyau solide de nos partisans, la base de notre influence sur la masse populaire malgache. Bien que l'esclavage eût toujours gardé dans l'île un caractère familial qui avait prévenu l'antagonisme aigu des classes en présence, l'introduction de la civilisation européenne sur la côte Est et sur les hauts plateaux avait fait germer parmi les esclaves le désir inconscient de la liberté; l'abolition de l'esclavage ne pouvait donc manquer de les rallier immédiatement à notre cause.

Les instructions du département étaient d'ailleurs formelles; elles furent mises en vigueur par l'arrêté du 27 septembre 1896, et, depuis cette époque, le général Gallieni n'a cessé, dans tous ses actes, dans toutes les mesures d'ordre politique prises, de s'appuyer franchement sur les anciens esclaves. Ceux-ci n'ont cessé d'ailleurs, dans toutes les occasions possibles, de lui témoigner leur reconnaissance à ce sujet et, dans toutes ses tournées dans l'île, c'étaient toujours les anciens esclaves, hommes, femmes et enfants, qui se présentaient les premiers, portant des drapeaux tricolores et vêtus à la française pour montrer leurs sentiments de gratitude envers notre nation. Il s'est trouvé, en somme, que la libération en masse des esclaves, si redoutée de quelques-uns, a été une excellente mesure politique, et c'est parmi eux que le cause française recrute maintenant ses plus dévoués partisans.

Mais il restait à prendre les mesures nécessaires pour que cette libération ne fût accompagnée des troubles observés dans des circonstances analogues. Les pillages partiels, le vagabondage, l'abandon des cultures étaient les principaux désordres à redouter.

Dès le 5 octobre, les instructions nécessaires furent données aux gouverneurs principaux de l'Imérina pour que les affranchis fussent classés, par groupes de mille, de cinq cents, de cent, sous des chefs de leur caste, suivant l'ancienne organisation adoptée autrefois pour les classes non nobles. En même temps, on organisa leur état civil en permettant l'inscription rétroactive des mariages et des naissances, que jusque-là les esclaves ne pouvaient faire enregistrer (arrêté du 5 octobre 1896). Pour prévenir l'abandon des travaux agricoles, ils étaient exhortés à rester autant que possible au service de leurs anciens maîtres, si ceux-ci consentaient à les engager dans des conditions convenables. En fait, c'est à dernier parti que se rangèrent la majorité des libérés. Ils continuèrent à vivre, comme par le passé, sur les petites exploitations que presque tous les maîtres leur avaient permis de constituer sur leurs propres domaines. Ils se bornèrent à réclamer une augmentation du prix des services qu'ils rendaient autrefois gratuitement en échange de cette tolérance.

D'un autre côté, devenus hommes libres, ils avaient droit, comme ceux-ci, à la jouissance des terrains de culture communaux, dont chaque village de l'Imérina est abondamment pourvu. Ils y trouvaient facilement les emplacements nécessaires à la création de champs, de nouvelles rizières ou de cultures secondaires. En résumé, par une évolution paisible, les esclaves agriculteurs prirent place, sans secousse, dans la catégorie des salariés, des métayers ou des petits propriétaires journaliers. Ceux d'entre eux qui se livraient aux transports et au commerce continuèrent leur genre d'existence. Les engagements dans la milice et les régiments de tirailleurs en formation fournirent aussi à bon nombre d'affranchis une occasion de s'employer. Enfin, on aurait pu redouter qu'une certaine partie des libérés, les vieillards et les infirmes, les enfants en bas âge, ne fussent brusquement privés des ressources que leur constituait la libéralité de leurs anciens maîtres. Mais, de tout temps, les Hovas aisés avaient mis une sorte de point d'honneur à ne pas délaisser leurs serviteurs impotents. Ce sentiment subsista après l'abolition de l'esclavage.

Si, sur le premier moment, quelques maîtres renièrent les obligations que leur imposaient les traditions, ces exceptions furent rares. La solidarité, existant en matière d'assistance mutuelle dans les corps de village, contribua d'un autre côté à parer aux besoins urgents de quelques esclaves nécessiteux. Ces résultats satisfaisants furent pleinement constatés à la suite d'une demande de renseignements adressée aux divers commandants de cercle en vue de connaître le nombre d'indigents que l'administration pouvait avoir à secourir. Sauf à Tananarive même, où un certain nombre d'entre eux participèrent à plusieurs distributions d'argent et de vêtements, il n'y eut de dispositions à prendre dans aucune région.

La propriété des biens que les anciens esclaves tenaient de la libéralité de leurs maîtres donna lieu à quelques contestations. En droit coutumier malgache, ces donations étaient toujours révocables, et l'article 4 de l'arrêté du 26 septembre avait sanctionné cette tradition spéciale que ces biens pourraient être repris par les maîtres.

Quelques rares procès intentés par des affranchis furent jugés dans ce sens, et ces sentences mirent fin à des revendications qui ne se sont pas renouvelées. Des mesures édictées dans la suite pour l'extension des cultures dans l'île ont augmenté dans la plus large mesure les facilités laissées aux affranchis pour se constituer une propriété.

En résumé, grâce aux dispositions prises, la libération s'accomplit sans amener aucun désordre criminel et même sans trouble économique appréciable.

Au point de vue politique, elle rallia immédiatement une fraction notable de la population des régions insurgées, et les nouveaux libérés s'empressèrent de témoigner leur reconnaissance de l'acte qui les faisait égaux des autres Malgaches. Le gouverneur général, les commandants de cercle reçurent de nombreuses députations des affranchis venant exprimer leurs sentiments de gratitude et d'attachement envers la France. A différentes reprises, les libérés fournirent aux officiers français, en servant d'émissaires ou de guides, un utile concours dans les luttes contre les insurgés. Leur bon esprit et leur fidélité ne se sont jamais démentis, et leur attitude a répondu pleinement aux espérances qu'il était permis de concevoir, en considérant leur affranchissement comme l'un des principaux moyens de rallier à notre cause la masse de la population malgache.

IX

RÉSULTATS OBTENUS

Grâce à la prudence, à la fermeté, à l'intelligence et au courage du général Gallieni, grâce aux mesures dont nous avons parlé plus haut, le pays ne tardait pas à prendre une physionomie toute nouvelle. Ce n'était pas assez qu'on pût circuler avec sécurité dans la plus grande partie de l'île, il fallait y frayer des routes en attendant qu'on y établît des voies ferrées.

Aujourd'hui, Tananarive n'est plus isolée; elle communique facilement avec les plus grands ports de commerce, Majunga et Tamatave. Une route carrossable, presque achevée, la relie à Majunga qui est redevenu le centre d'un transit considérable. Les négociants, assurés du lendemain, convaincus de la stabilité du nouveau régime, se sont remis à l'œuvre, pleins d'énergie. Et le commerce français a pris une remarquable prépondérance sur ce marché qui était presque entièrement au pouvoir des Indiens et des Anglais.

La ville était des plus insalubres, L'administration a entrepris de l'assainir. Le village indigène débordait sur la cité européenne ; on l'a reporté plus loin à deux ou trois kilomètres vers l'Est, dans un endroit ombragé et près de la mer. La population y atteint déjà plus de cinq mille habitants sur lesquels on compte deux cents Européens, et l'on prévoit que Majunga serait bien capable de supplanter un jour Tamatave.

Et ce Tamatave si sale, si nauséabond, quand le général Gallieni y débarqua pour la première fois, n'est plus reconnaissable. Sans doute, il s'en faut encore de beaucoup que ce soit une grande et belle ville. Mais enfin de notables progrès y ont été accomplis.

Là, comme à Tananarive, comme sur tant d'autres points de la grande île, un effort énergique a été produit sous l'impulsion du chef de la colonie. Le village indigène, qui s'étendait en plein marais, a été transporté sur un emplacement sain et sec. Une nouvelle ville s'est construite, dont les premières maisons furent l'hôpital, la direction de l'artillerie, les bureaux de la place, les services des douanes, l'imprimerie officielle. Un chemin de fer Decauville a été installé sur un parcours d'environ six kilomètres ; il mène à de belles carrières d'un granit excellent pour la construction. On a créé un jardin d'essai, on élève des phares ; on commence une digue ; on parle d'un port. L'initiative privée a suivi l'exemple que lui donnaient les services publics. L'installation des magasins du Louvre et du nouvel hôtel Continental embellit déjà les quartiers européens.

Le premier soin du général Gallieni avait été de créer un réseau de routes praticables et sûres, et il avait invité les commandants des territoires militaires à mettre au plus tôt en communication les points principaux de leur région. Mais ce qu'il juge essentiel, c'est de relier Tamatave et Tananarive par un chemin de fer. L'étude de ce projet, auquel il attache la plus grande importance, est aujourd'hui achevée. La voie est tracée. Et il dépend seulement de la métropole que le plan soit réalisé.

Toutes les villes de l'île se ressentent de cette prospérité. Sur la côte ouest, Tuléar s'accroît dans des proportions très sensibles. Les cases se multiplient. Colons et négociants qui en étaient chassés par les attaques continuelles des indigènes y reviennent, maintenant que la sécurité est assurée. Et Tuléar, en face du Transvaal, est certainement appelé à un grand avenir.

Tout au sud, à Fort-Dauphin, les chefs ont fait au commandant du poste leur soumission complète ; ils ont ramené leurs bœufs et se sont remis à cultiver leurs rizières. « Les Lazaristes, dit la relation du voyage du général Gallieni, y ont fondé une école qui nourrit, entretient et instruit gratuitement plus de cent enfants. Aux pauvres paillotes par trop primitives qui abritaient maîtres et élèves, d'élégants pavillons recouverts de tôle, simples mais proprets et très convenables, ont été substitués. Avec un dévouement et une patience au-dessus de tout éloge, Monseigneur Crouzet et ses religieux travaillent à faire de ces petits Malgaches de fidèles sujets de la France.

Partout s'ouvrent à nos commerçants des marchés et des débouchés. Des bureaux de renseignements économiques ont été établis. Les administrateurs civils et militaires sont chargés de déterminer les ressources et les productions diverses de la région où ils sont placés, de façon à éclairer les nouveaux venus et à leur éviter des recherches personnelles, toujours longues et onéreuses dans un pays inconnu.

C'est sur la partie de la côte est, comprise entre Tamatave et Fort-Dauphin, que se sont portés les efforts de la colonisation.

Ces côtes offrent déjà à l'œil du visiteur un spectacle réconfortant. Les plantations s'échelonnent le long des cours d'eau qui arrosent le littoral. L'avenir sourit à leurs caféiers et à leurs vanilliers. Et quels honnêtes et laborieux colons nous avons là !

L'un d'eux, que le général Gallieni cite comme un exemple entre tant d'autres, après avoir réalisé quelques économies dans un commerce de boulangerie qu'il pratiquait à Paris, vient à Madagascar, visite la côte, et, comprenant que son métier de boulanger ne l'a pas initié aux connaissances qui lui sont désormais nécessaires, va à la Réunion se familiariser avec les nouvelles cultures qu'il désire entreprendre. Instruit par un séjour de plusieurs mois, il revient à Madagascar en compagnie de sa femme, achète à un indigène plusieurs hectares et se met résolument à l'œuvre. Au bout d'un an, il se trouvait à la tête d'une belle plantation de café. Et voilà un homme qui ne regrette pas sa boulangerie !

Mais ce n'est pas seulement la face du pays qui s'est modifiée ; les sentiments des indigènes ont changé. Les Sakalaves ne se croient plus invincibles, et ces enfants farouches commencent à s'apprivoiser. Les dociles peuplades qui enduraient si tristement l'affreux joug des gouverneurs hovas respirent enfin. Elles sortent d'un long cauchemar. Elles nous sont reconnaissantes de les traiter avec douceur. Nous leur avons apporté la paix et la liberté.

Le peuple hova nous sait gré de l'avoir délivré de la tyrannie de ses maîtres. Son loyalisme envers sa reine et ses seigneurs féodaux était moins dû à l'affection qu'à la crainte. Il n'a plus à supporter d'exactions, ni à redouter de cruautés. Le général Mové — on se rappelle que c'est le nom qu'on donnait au début au général Gallieni — est le meilleur des hommes. Il parle un langage qu'on ne connaissait point, mais que l'on comprend très vite et que l'on aime à entendre. Il dit : « La justice est égale pour tous et le gouvernement de la République française vient d'en donner la preuve en abolissant l'esclavage. Les anciens esclaves devenus libres seront traités avec la même bienveillance que les nobles s'ils se conduisent honnêtement. Les nobles, s'ils se conduisent mal, seront punis avec la même sévérité que les bourgeois et les ouvriers. »

Et les fonctionnaires malgaches savent déjà, pour en avoir eu la preuve, que la concussion et la vénalité sont impitoyablement réprimées par les autorités françaises.

Au dernier voyage — nous allons bientôt en parler — que fit dans Madagascar et le long des côtes le général Gallieni, il put constater que ses efforts, son travail, son dévouement aux intérêts de la France n'étaient pas restés stériles. Partout les populations s'empressèrent à sa rencontre. Les chefs des villages sollicitaient la permission de lui offrir en présent des fruits de leur terre. Tous le remerciaient et remerciaient ses soldats.

Quand, après deux mois d'exploration, il rentra à Tananarive, la ville le reçut avec des acclamations enthousiastes et dressa devant lui des arcs de triomphe ornés de feuillage et de fleurs. On lisait sur ces arcs de triomphe :

Salut, ô général, à votre heureux retour !
Vive Gallieni, notre infatigable général !

Les Français de France doivent s'associer de tout cœur et avec une reconnaissance patriotique à ces touchants hommages des nouveaux Français de Madagascar.

Pour avoir une idée des résultats déjà obtenus et de ceux que notre pays peut se promettre de la sage administration du général Gallieni, il nous faut maintenant donner un tableau d'ensemble des mesures prises par lui pour favoriser l'agriculture, le commerce et l'industrie de la grande île.

Au point de vue agricole, il importe tout d'abord d'éviter aux immigrants des expériences coûteuses qui touchent aux problèmes les plus difficiles de l'agronomie et nécessitent des connaissances techniques très étendues. Aux colonies, ces recherches ne peuvent être abordées que par l'administration ou par des sociétés disposant de capitaux considérables. Les sociétés viendront plus tard, il faut l'espérer, mais, en attendant que leur initiative ait pu se manifester, l'administration s'est préoccupée d'entreprendre les déterminations auxquelles est subordonné le développement agricole de la colonie.

C'est dans ce but que, dès les premiers résultats de la pacification, le général Gallieni mit en œuvre tous les moyens dont il pouvait disposer pour constituer d'une façon effective et agissante le service de l'agriculture à Madagascar.

Un inspecteur de l'agriculture fut chargé de la direction, avec un personnel fort restreint tout d'abord, mais qui s'augmenta successivement de plusieurs chefs jardiniers, affectés aujourd'hui aux postes de Tananarive, Tamatave, etc. Un jardin d'essais fut créé au début dans chacune de ces deux villes.

L'expérience démontra bientôt la nécessité de soumettre les cultures tropicales à une étude des plus suivies et des plus attentives. Aussi décida-t-on la création de nouveaux jardins d'essais à Mananjary, Majunga, Fort-Dauphin, et celle d'un poste de sous-inspecteur.

Le jardin d'essais de Tananarive est situé à une demi-lieue, au nord-ouest de cette ville. Installé dans une ancienne propriété de l'ex-premier ministre Rainilaiarivony, achetée par la colonie, il est aujourd'hui relié à la ville par une route carrossable. Sa contenance est de 20 hectares, dont 160 ares de rizières. Le but de cet établissement est de rechercher les améliorations à apporter aux systèmes de culture pratiqués dans le pays et d'introduire les plantes pouvant intéresser les colons et les indigènes. Les méthodes d'élevage y sont également étudiées. On y a créé des pépinières et on y a fait des plantations diverses pour fournir au public des graines et des boutures. Enfin, l'établissement est aussi destiné à former de bons surveillants d'exploitations agricoles, des jardiniers et des ouvriers de fermes indigènes.

Grâce à l'intérêt que diverses personnes ont manifesté, dès sa création, au jardin d'essais de Tananarive en lui envoyant des semences, le service de l'agriculture a pu obtenir, dès 1897, de nouvelles variétés jusqu'alors inconnues dans l'île et parmi lesquelles on peut citer diverses essences de mûriers, de pommiers, de poiriers, de pêchers qui seront surtout précieux pour l'industrie du tannage des peaux, de figuiers, de vigne, toute une collection d'eucalyptus et de filaos, le cotonnier, de nombreuses plantes fourragères, entre autres le cactus inerme, enfin des essences forestières, telles que le chêne pédonculé et le chêne-liège.

Les principaux efforts ont porté sur les plantes fourragères dont la culture présente, en Imérina et dans le Betsiléo, une importance capitale. Si l'on considère que les pâturages y font souvent défaut pendant la saison sèche et que, cependant, dans ces contrées, toutes les autres conditions sont favorables à l'élevage du bétail. D'autre part, le fourrage produit la fumure et celle-ci est le complément indispensable de toute exploitation agricole.

On a pratiqué aussi divers essais de céréales. Jusqu'à ce jour, les résultats ont été médiocres pour le blé et l'orge ; au contraire, pour le sarrasin et l'avoine, les rendements ont été aussi satisfaisants que dans la métropole.

Les pépinières installées à la station agronomique de Nahanisana, c'est le nom du jardin d'essais de Tananarive, ont fourni, en 1897, tant aux colons qu'aux services publics : 5,195 plants et boutures, comprenant principalement des arbres d'abri contre le vent, des espèces fruitières et des essences d'arbres d'avenue ; les livraisons se sont élevées, en 1898, au chiffre de 122,500.

Nahanisana a été complété en mars 1897 par une bouverie-vacherie et une bergerie. Il avait été question d'y introduire quelques producteurs sélectionnés. Le bœuf de Madagascar, en effet, s'il présente l'avantage d'être résistant, est généralement de petite taille ; quant au mouton, dit à grosse queue, il est dépourvu de laine, et sa viande est de qualité médiocre. Un essai a été fait avec des moutons mérinos de Rambouillet. Quelques sujets furent amenés à Tananarive ; mais, soit par raison de tempérament, soit faute de bons fourrages, ils n'ont pas prospéré.

La question en était là, lorsque des sociétés ont demandé de vastes concessions en vue de se livrer à ces expériences.

Le jardin d'essais de Nahanisana ne peut, en raison du climat, servir à l'étude des cultures riches qui se font presque uniquement sur le littoral et dans les régions moyennes de l'île. Il était donc indispensable d'installer aux environs du principal point de débarquement un jardin d'essais permettant au nouveau venu de se rendre compte des ressources agronomiques des régions côtières, des modes de culture à employer, et aussi de s'approvisionner des plants destinés à former la base de son exploitation.

C'est dans ces conditions qu'a été créé le jardin d'essais de Tamatave. Il est situé dans la vallée de l'Ivoloïna, à 17 kilomètres environ au nord de Tamatave, et se trouve dans de bonnes conditions d'exposition et d'irrigation.

Ainsi installé, le jardin d'essais de Tamatave rendra à l'agriculture, sur la côte est, les meilleurs services.

En dehors des stations agronomiques et jardins d'essais, les administrateurs et commandants de cercle se sont attachés à créer, dans un cadre modeste, de petites fermes-modèles, en vue de vulgariser parmi les indigènes nos procédés agricoles, de les inciter à des cultures nouvelles et à l'amélioration de celles qui leur sont familières.

Chaque fois que les essais effectués ont donné des résultats intéressants, il en a été rendu compte dans le *Journal Officiel*, de manière à mettre les colons en mesure d'en faire leur profit. On y a lu aussi fréquemment des chroniques agricoles de vulgarisation, dans lesquelles ont été condensées des indications pratiques, dictées par l'expérience, émanant souvent de vieux colons, et de nature à éviter aux nouveaux les tâtonnements et les déboires du début.

Pas plus que l'agriculture, le commerce n'a été négligé.

L'un des principaux obstacles au développement d'un pays neuf est l'ignorance dans laquelle sont généralement les commerçants et les industriels métropolitains des moyens d'écoulement de leurs produits dans la nouvelle possession.

Préoccupé, dès le début, de remédier à cette situation, le général Gallieni s'appliqua tout d'abord à faire explorer Madagascar et à vulgariser les connaissances des ressources et des produits du pays. Dans ce but, il entra en relations directes avec les colons — commerçants, industriels, agriculteurs — établis dans l'île; il créa en outre dans les principaux centres de la colonie des Chambres consultatives françaises appelées à le renseigner sur tous les faits économiques.

Dans le même ordre d'idées, il se mit en rapport avec les Chambres de commerce de la métropole, leur donnant des renseignements et leur exposant les moyens qu'il convenait d'employer pour accroître les transactions entre la France et sa nouvelle colonie.

Pour permettre aux commerçants et industriels français de faire connaître leurs produits à Madagascar, un musée commercial fut créé à Tananarive et installé dans une des salles de l'ancien palais de la reine. La difficulté des communications n'a pas encore permis de donner à cette institution toute l'importance qu'elle doit comporter.

Le développement des transactions est intimement lié à la facilité avec laquelle les relations peuvent s'établir entre les commerçants et les indigènes. Du jour où l'insurrection fut réprimée en Imérina, il y eut le plus grand intérêt à utiliser le Hova comme intermédiaire pour la vente des produits d'industrie européenne. Dans ce but, tous les marchés détruits par l'insurrection furent reconstitués et les habitants invités à les fréquenter. De même, dans les provinces côtières où des lieux de réunion étaient assez rares, on en poursuivit peu après la création.

Certains chefs de province ont aussi facilité le colportage

qui a pris quelque développement dans plusieurs contrées.

En outre, on s'est attaché à rechercher les voies commerciales autrefois suivies par les marchands indigènes et les porteurs de marchandises, de manière à rétablir les courants d'échanges qui assuraient jadis l'écoulement des produits de certaines régions. Ces diverses voies sont aujourd'hui très fréquentées.

A cette occasion et pour encourager les aptitudes commerciales des Hovas, les indigènes ont reçu toute liberté de sortir de leur pays d'origine en vue de se livrer au commerce et à l'industrie. C'est ainsi que, dans le courant de l'année 1898, un certain nombre de Hovas se sont établis commerçants dans certaines villes de la côte telles que Mahanoro, Mananjary, Analalava, Fort-Dauphin. Plusieurs d'entre eux s'y sont installés avec leur famille.

Enfin, dans les pays douteux, des lignes de postes militaires protègent les grandes routes commerciales. De la sorte, on a obtenu une reprise du commerce de caoutchouc que les indigènes Antanosys de Fort-Dauphin ont pu aller récolter dans la région de la rive gauche du Mandraré.

En même temps qu'on facilitait aux commerçants européens le placement de leurs marchandises à Madagascar et qu'on encourageait la récolte et l'exportation des produits indigènes, il fallut aussi se préoccuper de garantir le commerce contre la concurrence des négociants asiatiques et africains. Par leur tendance à l'accaparement, les Hindous et les Chinois étaient particulièrement dangereux.

En 1896, tous les commerçants européens établis à Madagascar souffraient de cette concurrence. Elle était d'autant plus difficile à combattre que l'Hindou et le Chinois, vivant très économiquement, peuvent se contenter d'un très faible gain et vendre à très bon compte. La lutte était surtout fort difficile pour les commerçants français, dont les produits sont souvent de qualité supérieure aux produits étrangers, mais aussi d'un

Le Palais d'argent (Tananarive).

prix plus élevé. Aussi était-il bien rare de voir les commerçants asiatiques s'approvisionner de marchandises françaises. Pour atténuer, autant que possible, les inconvénients de cette situation, il a paru indispensable d'imposer aux Hindous et aux Chinois l'obligation d'un permis de séjour accordé contre paiement d'une taxe annuelle. Au début, ils furent soumis à un droit de 25 francs et à un droit supplémentaire de 50 ou de 75 francs, proportionnel à l'importance de leur commerce ou de leur industrie. Cette mesure avait, en outre, un but de police : elle impliquait, en effet, une surveillance sur ces étrangers, suspects à bon droit de se livrer sur la côte ouest à la traite des esclaves et au commerce de la poudre et des armes.

Une expérience de quelques mois fit ressortir l'insuffisance du tarif adopté tout d'abord pour enrayer l'envahissement dont la colonie était menacée. Et même, une enquête montra que le nombre des Hindous établis sur la côte nord-ouest avait augmenté dans de notables proportions, tandis que les centres le plus importants de la côte est voyaient également s'ouvrir de nouveaux magasins asiatiques.

La réglementation reçut les modifications que comportait la situation; le droit proportionnel fut porté à 1,000 francs pour les patentables des catégories hors classe et de 1e classe, à 400 francs pour ceux des 2e et 3e classes, à 200 francs pour ceux de la 4e classe, et enfin à 100 francs pour ceux qui se bornent à acheter sur place des produits français pour les revendre aux consommateurs.

Toutefois, on tint compte des situations qui paraissaient dignes d'intérêt. La plupart des Hindous et des Chinois viennent dans la colonie pour y gagner une somme déterminée et retourner ensuite dans leur pays d'origine. Il y a cependant des exceptions; c'est ainsi que quelques Asiatiques, établis depuis longtemps dans certains ports de la côte ouest, s'y sont fixés sans esprit de retour, y ont fait souche, et ont accepté, sans arrière-pensée, notre autorité. A ceux-là, très rares d'ailleurs, on a accordé l'exemption des nouveaux droits en maintenant simplement à leur égard les dispositions primitives.

En outre, les étrangers asiatiques doivent être groupés dans chaque province en congrégations responsables de l'exactitude des déclarations faites par chacun de leurs membres pour l'établissement de l'impôt, le payement de la taxe et des amendes. Enfin, les chefs de province demeurent libres d'assigner sur leur territoire un point unique de débarquement aux Asiatiques et aux Africains ; les exotiques ne peuvent, non plus, quitter la colonie qu'autant qu'ils ont avisé l'autorité locale au moins quinze jours à l'avance. Cette dernière disposition répond aux vœux de tous les commerçants d'origine européenne qui commanditaient les Hindous ou les Chinois. Elle a pour but de prévenir les départs brusques et de tenir sous la main de la justice ces Asiatiques qui n'hésitent pas à recourir à une faillite où à une banqueroute pour réaliser au plus vite, et rentrer en hâte dans leur pays.

Ajoutons que l'ensemble de cette règlementation ne peut en aucune façon éveiller les susceptibilités des nations dont relèvent les Asiatiques ou les Africains qui y sont soumis ; elle est beaucoup moins rigoureuse en effet que celles adoptées par d'autres pays qui ont pris à l'égard des Hindous et des Chinois des mesures draconiennes.

Enfin, en dehors même des ressources financières appréciables qu'elles procurent à la colonie, ces taxes ont arrêté l'intensité du courant d'immigration des commerçants hindous et chinois, sans toutefois provoquer l'exode en masse de ceux qui étaient déjà installés.

L'ancien gouvernement malgache s'était montré tout particulièrement hostile au commerce et aux commerçants français. A la suite de la conquête, il était donc de toute justice de leur donner des compensations en raison directe des dommages qu'ils avaient subis.

Dans ce but, le général Gallieni s'attacha à favoriser l'introduction et l'écoulement dans les populations indigènes des produits de l'industrie nationale; c'est ainsi qu'il laissa aux chefs de province la latitude d'exempter, pendant quelques temps, du payement des droits de place tout colporteur indigène apportant, pour la première fois, des produits français sur le marché.

Au début de l'année 1898, les industriels français se décidèrent à entreprendre à Madagascar la lutte entre le commerce des tissus étrangers et commencèrent à transformer leur outillage pour confectionner, d'après les renseignements qui leur avaient été fournis, des étoffes conformes au goût des indigènes. Cette initiative fut encouragée en donnant aux marques françaises la publicité du journal officiel malgache, le *Vaovao*. D'ailleurs, les susceptibilités étrangères n'avaient pas lieu d'être en éveil, car les autorités françaises et indigènes savaient que, tout en facilitant le commerce de nos compatriotes, elles ne devaient apporter aucune entrave à la vente et à la circulation des marchandises étrangères. Enfin, l'établissement du régime douanier et la création des taxes spéciales aux tissus étrangers ont assuré au commerce français la suprématie dans la colonie.

Les principales importations portent sur les tissus, les boissons alcooliques, les vins, les farines, le sucre raffiné, les tabacs, les bougies.

Les principales exportations sont celles des bœufs, des peaux et des produits naturels, tels que bois, caoutchouc, cire et rafia.

Le commerce d'exportation du caoutchouc, qui tient actuellement la tête a subi depuis six ans des variations considérables dues à la méthode déraisonnable d'exploitation qui a été pratiquée pendant plusieurs années et qui a falli ruiner les centres d'exploitation.

Dans la province de Fort-Dauphin, par exemple, où le

commerce d'exportation de caoutchouc se faisait avec le plus d'activité, les quantités expédiées à l'extérieur, étaient en 1891 de 20.000 kilog. et atteignaient, en 1892 et 1893, 400,000 kilog. Elles ne s'élevaient plus, en 1895 qu'à 200,000 kilog., après avoir passé par 27.000 kilog. seulement en 1894.

Dès 1896, les peuplements de caoutchouc dans la région comprise entre Fort-Dauphin et la rive gauche de Mandraré étaient considérablement amoindris, sinon complètement dévastés. D'autre part, les peuplades antandroys interdisaient aux indigènes de la côte l'accès de leur pays. Ce n'est donc qu'avec la pacification et une surveillance rigoureuse des procédés d'entretien que l'exploitation du caoutchouc dans le sud reprendra son activité première.

Par contre, l'exploitation des peaux de bœufs est en progrès constant.

L'importance acquise par l'exportation des produits de la culture (vanille) et des produits industriels (conserves de viandes) est aussi à remarquer.

Il est permis de présumer que, dans un avenir prochain, à la faveur des progrès de l'organisation et de la pacification de la colonie, de nouvelles régions, riches en produits naturels, telles que les pays sakalaves de l'Ouest, du Sud et du Sud-Ouest, seront ouvertes au commerce; des entreprises d'élevage et des établissements industriels se créeront pour accentuer encore ce mouvement d'exportation.

Pour terminer, voici la situation du commerce dans l'intérieur de l'île.

Au fur et à mesure que la sécurité se rétablissait, et que notre autorité, en s'affirmant, rayonnait d'une part, de la côte vers l'intérieur, d'autre part des centres tels que Tananarive et Fianarantsoa vers la périphérie, les produits reçus de la côte se répandaient par les voies ainsi ouvertes, et en même temps que le nombre des Européens dans les principales localités s'accroissait, de nouveaux comptoirs se créaient dans les régions éloignées du littoral.

Au commencement de 1896, les transactions étaient, en quelque sorte centralisées à Tananarive pour l'Imérina et à Fianarantsoa pour le Betsiléo ; dès la fin de la même année, on les voit tout d'abord prendre une importance plus grande dans cette dernière province et plusieurs maisons de province s'installent à Fianarantsoa.

En 1897, Ambositra commence à devenir un centre commercial important et plusieurs maisons françaises y installent des comptoirs qui viennent disputer à la maison anglaise établie dans le pays depuis dix ans le marché de cette partie du Betsiléo.

Des établissements commerciaux se fondent, en 1896, dans le cercle de Betafo, en 1897, dans le Betsiriry, récemment occupé, et dans le cercle d'Ankarobé; en même temps des agents hovas parcouraient le cercle annexe d'Ankavandra, en liant des relations commerciales avec les Sakalaves. Dans la capitale de l'île, une dizaine de maisons françaises ou étrangères, créent, en 1897 et 1898, d'importants établissements.

Quelque rapide que soit cette énumération, elle permet d'apprécier l'extension acquise, en peu de temps, par le commerce dans l'intérieur de l'île et montre qu'à un accroissement de l'activité commerciale de la colonie a correspondu une augmentation du nombre des commerçants.

On doit cependant reconnaître qu'à l'exception des maisons importantes qui ont développé leurs opérations, les commerçants disposant de moindres ressources, au lieu d'installer des comptoirs d'échange dans le pays même de production, incitant ainsi les indigènes à l'extraction des richesses naturelles, se sont bornés à s'établir à Tamatave, Tananarive, Majunga, Mananjary, Vatomandry, où ils ont ouvert des magasins contenant identiquement les mêmes articles; dans ces conditions, l'activité de la concurrence a nui au commerce particulier de chacun.

D'autre part, les facultés commerciales d'un pays sont en raison directe de ses productions agricoles et industrielles et de la capacité de consommation de ses habitants. D'après ce principe, le général s'est efforcé de prendre toutes les mesures susceptibles d'augmenter cette capacité de consommation de la population malgache, en encourageant et en facilitant le plus possible l'extension des cultures et de la récolte des produits naturels. Cependant les résultats, quelque appréciables qu'ils soient, ne peuvent avoir pour effet d'amener immédiatement une modification très sensible dans la situation économique du pays.

Aussi, l'équilibre nécessaire qui doit exister entre le nombre des commerçants d'une part, l'intensité de la production et la capacité de consommation d'autre part, semble-t-il actuellement atteint dans les principaux centres, Tananarive, Tamatave, etc. On ne saurait, par suite, conseiller à de nouveaux commerçants de s'établir, de quelque temps encore, dans ces localités.

Reste l'industrie.

En réalité, Madagascar offre de nombreuses ressources pour la création d'entreprises industrielles; en dehors de l'exploitation des gisements aurifères, la sériciculture, la métallurgie, la fabrication des briques, la récolte du sel, l'exploitation des bois y trouveront un milieu favorable et des matières premières abondantes. Mais ces industries exigent, pour leur mise en œuvre, du temps et des moyens de transports faciles et peu onéreux ; la courte période qui s'est écoulée depuis la pacification et la nécessité d'achever les routes ne permettent pas encore de donner des résultats. Toutefois, des mesures ont été prises par l'administration et des efforts accomplis par l'initiative individuelle pour le développement industriel de la colonie.

En attendant que la création d'entreprises industrielles par les colons vint donner un appoint à la vitalité économique de Madagascar, il était opportun d'encourager les Hovas à reprendre et à perfectionner celles qui avaient été déjà introduites dans le pays.

L'école professionnelle créée à Tananarive, les ateliers manuels organisés à Manjakandriana, à Ankazobé, à Fianarantsoa, ont eu pour but d'initier les Malgaches aux méthodes perfectionnées et de les pousser ainsi à améliorer leurs procédés industriels.

D'autre part, l'administration a favorisé, par tous les moyens en son pouvoir, l'extension des industries indigènes. Au cours de ses tournées, le général encourageait les populations à se livrer à leurs anciens travaux, tels que la fabrication des rabannes, à multiplier les ruches dans les contrées forestières, à exploiter la cire et le caoutchouc, etc.

C'est ainsi que, dans certaines régions, notamment à Fihaonana, la fabrication des rabannes a accusé une reprise sensible au cours de l'année 1898; dans le cercle d'Anjozorobé, les indigènes se sont adonnés au tannage des peaux; pour encourager cette branche d'industrie, l'administration a réservé aux Malgaches la partie des forêts qui leur fournit les écorces employées au tannage et leur a attribué les terrains sur lesquels ils ont installé leurs établissements.

L'industrie séricicole était autrefois assez active dans les régions centrales; l'Imérina et les Betsiléo produisent chaque année une grande quantité de cocons; il en est de même du pays bara et des régions de le côte nord-ouest, en particulier de la province de Majunga, où les Hovas allaient jadis acheter les cocons qu'ils employaient ensuite à Imérina à la fabrication des lambas et des dentelles.

Ces étoffes sont encore confectionnées, comme jadis, dans divers centres disséminés autour de Tananarive, tels qu'Ambohimalaza (1er territoire militaire) et les femmes adonnées à ce genre de travail sont arrivées à une certaine perfection.

On raconte, à ce propos, qu'aux environs d'Ambohidrabiby, un colon français avait, il y a quelques années, fait fabriquer, d'après des dessins de Valenciennes, une pièce de dentelles de soie très soignée, qui ne mesurait pas moins de 100 mètres de longueur sur 40 centimètres de large.

L'amiral Bienaimé.

Quelle que soit la véracité du fait, il est certain que la sériciculture peut être une source d'importantes richesses pour la colonie, en raison de la facilité d'élevage du ver à soie et de l'abondance de sa production; il donne, en effet, de quatre à six éducations par an, alors que les sériciculteurs de la métropole n'en obtiennent qu'un au prix de beaucoup de soins. Toutefois, il serait indispensable d'améliorer les méthodes d'élevage ainsi que la race elle-même, qui, mal nourrie et mal soignée, a résisté, mais s'est abâtardie. Il y aurait lieu aussi d'introduire nos procédés industriels de filage et de tissage en perfectionnant l'outillage ; il serait d'ailleurs facile de développer l'habileté pratique des dentellières et des tisseuses, dont le recrutement sera toujours aisé, principalement dans les provinces centrales.

Il existe diverses variétés de vers à soie à Madagascar ; on les classe en deux groupes : le « landybé », qui se contente des feuilles de certains végétaux tels que l'ambrevade, le tapia, le pignon d'Inde et vit en plein air; le « landy-kely », ou ver à soie de Chine, d'importation récente, qui se nourrit de feuilles de mûrier et est élevé en chambre. C'est cette dernière espèce qui donne les meilleurs produits et dont il y a lieu de poursuivre la multiplication. Il y aura encore là un préjugé à combattre, car les indigènes préfèrent l'autre espèce, dont l'élevage est beaucoup plus facile.

Un grand nombre de plants de mûrier ont été mis en terre, dans les divers cercles de l'Imérina, pendant l'année 1898; ces plantations n'ont exigé que peu de peine, car ce végétal réussit admirablement dans les régions centrales ; en outre, une mûrerie, destinée à fournir des plants et des boutures, concurremment avec les jardins d'essais, a été créée par les soins du services des forêts à proximité de Tananarive.

Il était, d'autre part, indispensable d'étudier la valeur du ver à soie indigène et la possibilité de l'améliorer par sélection ou par croisement avec des produits étrangers. Ces études ont été poursuivies en 1898 par l'école professionnelle. D'autre part, on a créé dans ce dernier établissement un atelier de filature, qui a pu être installé grâce à l'envoi de France d'un contre-maître très expert dans cette partie. Quelques indigènes des deux sexes ont pu ainsi commencer à s'initier à cette industrie.

En même temps, ou s'appliquait à vulgariser parmi les indigènes nos procédés d'élevage des vers et des récoltes de la soie. L'école professionnelle s'est encore adonnée à cette tâche, mais n'a pas donné à cet enseignement tout le développement désirable, pour ne pas nuire à ses nombreux ateliers de professions manuelles, d'un intérêt plus immédiat.

Un colon de Tananarive, qui compte un très long séjour à Madagascar et qui s'est déjà livré dans le pays à de très intéresantes expériences de sériciculture, a offert spontanément son concours à l'administration pour arriver au résultat cherché.

Si, comme il y a lieu de l'espérer, cette expérience réussit, il sera possible d'organiser, chaque année, avec les jeunes gens qui auront suivi l'enseignement pratique de l'établissement, des magnaneries dans les diverses provinces de l'Imérina. Les indigènes seront en outre des auxiliaires utiles pour les colons qui voudraient aborder l'industrie séricicole.

Les indigènes des régions côtières, malgré leur naturel très apathique, montrent de réelles aptitudes pour les travaux qui touchent à la profession de marin. Ces aptitudes ont été utilisées, et, en 1898, l'administration a créé dans un port de la côte ouest une école de construction d'embarcations, premier embryon, peut-être, d'un important établissement maritime.

X

VOYAGE DU GÉNÉRAL A TRAVERS L'ILE

Rien ne prouve mieux que le dernier voyage du général Gallieni à travers l'île de Madagascar les excellents résultats déjà obtenus.

Dans les premiers mois de 1897, l'insurrection hova, si menaçante au début, était devenue beaucoup moins redoutable. A la suite de revers sanglants, les bandes rebelles s'étaient considérablement éclaircies, des soumissions en grand nombre s'étaient produites et on pouvait prévoir le moment où, lasses de la lutte, les dernières résistances allaient tomber à leur tour.

C'est à cette époque, au mois de mai 1897, que le général, certain désormais d'obtenir le premier résultat qu'il s'était proposé, se décida à quitter Tananarive et à entreprendre enfin autour de l'île ce voyage d'exploration qu'il avait dû remettre jusqu'alors.

Deux mois plus tard, il rentrait dans la capitale, documenté, instruit par ce qu'il avait vu, possédant les renseignements et les éléments d'appréciation qui lui avaient manqué au début sur toute la région côtière. Il put, dès lors, arrêter définitivement les grandes lignes de cette seconde partie de son programme qui consistait à faire la pénétration de l'intérieur vers les côtes et, par ce rayonnement progressif, à étendre peu à peu à toute l'île la suprématie de la France.

A un an de distance, au mois d'avril 1898, le général voulut se rendre compte à nouveau de la situation d'ensemble et renouvela dans ce but son inspection des côtes de l'île.

De ce voyage, nous ne donnerons ici, avec quelques détails pittoresques, que les épisodes les plus saillants.

C'est au milieu d'une foule immense d'indigènes que le général quitta Tananarive. La foule, rangée sur les côtés des rues jusqu'aux dernières maisons de la ville, acclame le gouverneur à son passage, chantant, battant des mains en cadence, suivant la coutume malgache.

Un nombre considérable de colons, de fonctionnaires, d'officiers ont tenu à accompagner le général. Mais déjà les « bourjanes » ou porteurs accélérant l'allure, le nombreux cortège défile au grand pas gymnastique entre les haies pressées de la foule des indigènes qui chantent, applaudissent et crie ; c'est une véritable course folle de chevaux échappés. Chaque équipe veut en effet que son « vazaha », l'européen qu'elle porte, soit au premier rang, et n'a pas de cesse qu'elle n'y soit arrivée, jouant des coudes ou se glissant, se faufilant, descendant même fréquemment dans le fossé, le plus souvent, il est vrai, involontairement. Ni la chaleur, ni la poussière, ni l'encombrement, ni les bousculades, ni les objurgations du « vazaha » n'y peuvent rien.

C'est une race précieuse que ce « bourjane », honnête, dévoué et infatigable, qui, avec son chapeau de paille, sa chemise en rabane et sa cuiller dans le dos, parcourt la grande île dans tous les sens, sous tous les climats, glacés ou brûlants, par tous les temps et sous toutes les intempéries, au milieu des rafales violentes comme à travers les orages les plus épouvantables. Au milieu de tout cela, l'humble « bourjane » enfant perdu dans l'immensité de la grande île, transporte fidèlement, sur n'importe quel point, le blanc qui s'est confié à lui, vivant de quelques centimes de riz ou de quelques racines arrosées d'eau claire, couchant le plus souvent à la belle étoile, sans autre literie que le sol durci par le soleil ou détrempé par la pluie.

Le même soir, la petite troupe atteint la limite du secteur d'Ambohidratrimo, que marque un arc de triomphe. Les habitants des localités voisines, accourus en foule sur le passage du général, forment, avec ceux d'Ambohidratrimo, une longue haie double à l'entrée du village. Hommes, femmes, enfants, tous ont revêtu leurs plus beaux habits de fête ; et tout ce monde souhaite à sa façon la bienvenue au chef de la colonie, battant des mains en cadence et répétant un refrain à la louange du général. Ce n'est pas tout : d'élégants arcs de triomphe ont été dressés ; ils sont ornés de feuillage et de drapeaux et tiennent suspendus les fruits les plus appétissants, oranges, bananes, ananas, etc., que le « bourjane » altéré déjà guigne de l'œil. Et toute la foule de courir se reformer de nouveau en avant dans une course folle à travers champs, au milieu des rires, des plaisanteries, des chocs et des chutes. Cet accueil empreint d'une gaîté si franche diffère de notre enthousiasme officiel. Le général Gallieni retrouvera partout cet accueil tout le long de sa route, avec accompagnement de fanfares ou d'orchestres, dans les centres importants, de modestes accordéons dans les localités secondaires, mais toujours aussi empressé, aussi chaleureux, quelque petite que soit la bourgade traversée.

Franchement, ce peuple ne s'accommode pas trop mal du nouveau régime, et il semble qu'un plébiscite ne laisserait aucun doute à cet égard.

Quel changement, depuis moins de deux ans, dans cette

partie de l'Emyrne; quel progrès surtout au point de vue politique !

Une foule nombreuse fait escorte au général, elle se déroule en longs lacets, offrant avec ses lambas blancs et ses robes aux couleurs voyantes un aspect des plus curieux.

Un peu avant d'arriver à Ampanotokana, la troupe traverse un marché créé récemment, au sortir duquel un tombeau indigène attire l'attention. Comme tous les tombeaux de l'Emyrne, c'est une masse carrée revêtue d'assez belles pierres; sur la face qui regarde la route, le destinataire a eu l'idée au moins originale d'inscrire, à côté de son nom, le prix déboursé pour cette dernière demeure : 2,500 francs. Excusez du peu !

Plus loin, un groupe assez important de partisans, le ruban tricolore au chapeau, forme la haie en présentant les armes.

La fanfare de Fihaonana, que dirige un soldat d'infanterie de marine, est également à son poste et salue le général d'une *Marseillaise* enlevée avec maëstria. Puis le cortège se remet en marche aux sons du « Père la Victoire », qu'accompagnent les acclamations et les chants de la foule. Cette foule de plusieurs milliers d'indigènes, tous munis de chapeaux tricolores et dévalant à grand pas gymnastique sur les lacets de la route présente un coup d'œil vraiment original. A l'arrivée à Fihaonana, nouveau concours de population en habits de fête, qui acclame le général en agitant des milliers de drapeaux tricolores pendant que la musique qui se retrouve là, on ne sait trop comment, attaque à pleins poumons une deuxième *Marseillaise*.

Sans perdre un instant et à peine descendu de filanzane, le général, comme toujours, visite les écoles, interroge les enfants, parcourt le village, se fait présenter les autorités indigènes, etc.

Il se montre très satisfait des progrès réalisés depuis sa dernière tournée par les enfants des deux sexes dans l'étude du français, sous la direction d'un soldat d'infanterie de marine transformé en instituteur. Aussi leur fait-il remettre de nombreuses gratifications. Vraiment, l'on se croirait dans une école de France en voyant ce petit monde habillé à l'européenne, d'un côté les fillettes dansant des rondes en chantant, de l'autre, les petits garçons jouant au saut-de-mouton, ou grimpant aux agrès d'un gymnase rudimentaire. Et tout cela vit, est gai, animé, respire la santé et l'aisance. Comme il est loin le temps où toute cette population errait en haillons à travers les forêts, mourant de misère et de faim ! Se pourrait-il que cette foule regrettât cette période de désolation et mort ?

Mais ce qui est réellement surprenant, ce sont les divers exercices d'assouplissement et de boxe exécutés au sifflet avec une correction et un ensemble parfait par les garçons, réunissant dans leur costume uniforme les trois couleurs nationales, béret bleu, veston blanc et culotte rouge. Les mouvements aux agrès sont également bien enlevés. En vérité, ce minuscule bataillon scolaire de Fihaonana ne le cède en rien à nombre de nos sociétés gymnastiques de France.

Le général visite ensuite le poste d'infanterie de marine, le casernement de la milice, ainsi que toutes les constructions et créations. C'est merveille de voir tout ce qui a été fait depuis notre occupation. Au moment de l'arrivée de nos troupes à Fihaonana pas une seule case ne restait debout ; le village entier, incendié par les Fahavalos, n'était plus qu'un amas de ruines encore fumantes. La région dévastée, désolée, et aux trois quarts déserte, ne présentait plus aucune sécurité.

Aujourd'hui, non seulement toutes ces ruines ont été relevées, mais un grand nombre de constructions nouvelles ont été édifiées. Routes, jardins, pépinières, écoles, marchés, tout a été mené de front en même temps que la pacification et l'organisation politique et administrative du pays.

Toute la contrée maintenant est calme, tranquille. Les vil-

Le général Duchesne.

9

lages ont été reconstruits et repeuplés. Partout règnent la sécurité et la confiance. Les habitants respirent enfin, libres, sans appréhension, et s'adonnent entièrement, sans crainte ni arrière-pensée, à leurs cultures.

Cette soirée à Fihaonana se termine par un concert des chœurs français et malgaches et par un bal en plein air qui obtient un légitime succès.

La fête prend fin par une retraite aux flambeaux à travers les allées du jardin. Tous ces lambas blancs qui glissent et serpentent sous les ombrages touffus à travers les bosquets parfumés, aux sons d'une musique bizarre, avec des chants plus bizarres encore, à la lueur de lanternes vénitiennes qui vont et viennent dans le feuillage comme de grosses lucioles, forment, par cette nuit sereine, sous l'éclat argenté des premiers rayons de la lune, un tableau réellement pittoresque.

Nous nous sommes arrêté avec une certaine complaisance à cette première étape du général Gallieni. Partout, et cela durant quatre mois, ce sera la même vigilance, la même intelligence, le même souci de la part du gouverneur, le même enthousiasme de la part des populations indigènes, les mêmes transformations physiques, morales et politiques.

Les enfants de l'école de Sambaïna, formés par un soldat alsacien ont quelque peu retenu sa prononciation ; aussi est-ce avec un accent qui n'a rien de béarnais qu'ils entonnent, accompagnés par leur maître, le chœur des montagnards : *Mondagnes Byrénées*.

A Ankazobé, les troupes et la milice forment la haie, rendent les honneurs, tandis que les clairons sonnent aux champs et que la musique malgache joue la *Marseillaise*. Tous les bâtiments, jusqu'aux plus humbles cases, sont décorés d'une véritable profusion de drapeaux tricolores. En outre des guirlandes de petits drapeaux et de bannières, tendues tout le long du village d'un côté à l'autre de la vaste avenue, produisent un très heureux effet.

A Ankarabé, troisième village militaire à peu près complètement installé, pendant que le général passe l'inspection de la petite garnison du poste, le capitaine Mayeur lui présente un tirailleur malgache qui, après avoir volé un de ses camarades et déserté le poste, y est rentré il y a deux ou trois jours. Au mot de désertion, le général fronce le sourcil; les lois militaires punissent de mort le soldat qui abandonne son drapeau en temps de guerre. Ici, la désertion n'est-elle pas encore plus dangereuse et par conséquent plus criminelle? Si cet homme a des imitateurs, si la contagion de l'exemple gagne d'autres tirailleurs, d'autres postes, que deviendront tous ces villages militaires groupés par la seule force de la discipline? Que deviendra la pacification de cette région obtenue au prix de tant de peines? Que deviendra la sécurité de la route de Majunga et celle même de tout le pays? Il faut songer aussi que nous ne sommes qu'à une journée d'Antsatrana, où un chef rebelle vient de reprendre la brousse... Un exemple n'est-il pas nécessaire?

La vue de cet homme fusillé séance tenante coupera court à toute velléité d'imitation.

Le général pose la question. Alors se tient un rapide conseil de guerre entre le commandant en chef du corps d'occupation, le commandant du territoire et le commandant du cercle, cela devant le front de la petite garnison qui, immobile, présente toujours les armes.

Le déserteur est là, lui aussi, au milieu de ses camarades, et comme eux présentant les armes. Immobile, mais l'œil inquiet et le front baigné de sueur, il attend sa sentence, rendant une dernière fois les honneurs au tribunal en train de discuter son arrêt de mort. Et cependant il n'a plus que quelques minutes à vivre.

Mais non, le parti de la clémence l'emporte, et, sur les instances du commandant du cercle, l'homme est sauvé. On le jette simplement en prison.

A Mahatsinjo, comme dans les villages précédents, le général se fait présenter les femmes des tirailleurs et leur exprime sa satisfaction de voir qu'elles ont suivi leurs maris et qu'elles se sont fixées avec eux dans leurs résidences. Il les engage à faire venir d'autres membres de leur famille et leur distribue quelque argent pour aider à leur établissement définitif.

Étant donnée, en effet, la répugnance presque insurmontable que manifestent les Hovas pour quitter le centre de l'Emyrne, la fixation de ces tirailleurs dans ces pays déserts et déjà quelque peu insalubres constitue un résultat très appréciable.

Au surplus, rien ne peut mieux les attacher d'une manière durable au pays que d'y avoir leurs familles et leurs rizières.

Lorsque le gouverneur arrive à Andriba, il y trouve une foule très nombreuse accourue au-devant de lui, chantant la *Marseillaise* et agitant mille petits drapeaux tricolores. C'est la première population rencontrée depuis Ankazobé, en dehors des quelques familles de tirailleurs établies dans les villages militaires.

Andriba ne se compose, en réalité, que du poste et des établissements militaires.

Le village, qui se trouve à environ un kilomètre, porte le nom de Mangasoavina, « la ville excellente qui est bénie ». Dans l'après-midi, le général visite l'un et l'autre. Village et poste, ruinés et abandonnés au commencement de l'expédition, semblent avoir recouvré leur ancienne prospérité sous l'habile et paternelle direction du capitaine Mayeur. Après avoir interrogé les enfants des écoles qui, tant Sakalaves que Hovas, répondent d'une manière très satisfaisante, le général assiste à quelques danses. Ces danses, composées à l'occasion de son passage et accompagnées de chants, ne manquent pas d'une certaine originalité.

Après ces réjouissances et avant la tombée de la nuit,

visite au cimetière, petit champ bien triste, bien pauvre et bien nu, où reposent, hélas ! nombre de soldats français. Les pieux pèlerins y pénètrent par une brèche pratiquée dans une haie vive, seule défense contre les profanations des animaux. Le champ est pieusement entretenu, je veux dire débarrassé d'herbes ; mais de tombes, de croix, de plaques indicatrices quelconques, point. C'est à peine si le sol présente quelques légers renflements allongés, parallèles entre eux. Ces petits tertres, déjà presque nivelés par le temps et les eaux, recouvrent des enfants de la France.

Douloureusement impressionné par cette nudité si triste, si peu digne de notre pays, le général décide immédiatement de faire un nouvel appel à « l'Œuvre des tombes » pour assurer à nos soldats une sépulture plus convenable, plus digne d'eux et de la patrie pour laquelle ils ont si noblement sacrifié leur existence.

En rentrant au poste, le gouverneur et sa suite sont témoins d'un genre d'exercice nouveau pour eux, mais très commun chez les Sakalaves. Parmi les présents offerts au général par la population se trouvent trois ou quatre zébus, dont un fort beau. Le général donne l'ordre de l'abattre pour les tirailleurs du poste. Mais le bœuf refuse de se laisser prendre. Lrs hommes aussitôt de recourir à l'expédient habituel. L'un d'eux s'arme d'un grand couteau à lame longue et effilée et, loin d'attaquer le taureau par les cornes, cherche à le surprendre par derrière pour lui couper le jarret. Mais, plus vite qu'on ne l'aurait cru, le zébu se retourne et fait mine d'embrocher son agresseur. Dangereux pour la bête, ce jeu l'est aussi pour l'homme. Mais, cette fois du moins, en raison de l'habileté de l'opérateur, il ne se prolonge pas longtemps. Après quelques feintes adroites et pendant que le bœuf fait tête en avant, notre toréador bondit sur ses derrières. A l'instant, la lame glisse sur le jarret, le bœuf fléchit sur son train de derrière, se relève, fait deux pas, fléchit de nouveau, fait encore un pas et lourdement, pour ne plus se relever, s'affaisse et tombe en arrière. En un clin d'œil alors, il est saigné, dépecé et débité.

La soirée s'achève au milieu des tam-tams, accordéons, orchestres divers et chants de toutes sortes.

L'impression résultant de cette halte c'est qu'Andriba est en pleine reprise. Par sa situation sur la route de Tananarive à Majunga, son importance politique et les cultures auxquelles se prêtent les terrains environnants, ce point paraît appelé à un certain développement.

Pendant l'expédition de 1895, Andriba a joué et surtout aurait dû jouer un rôle très important, vu les défenses qui y avaient été accumulées par les Hovas. Un combat y eut lieu le 21 août, dont l'issue, tout à notre avantage, nous ouvrit la porte du sud.

C'est à Andriba que s'arrête la route carrossable construite si péniblement par le corps expéditionnaire, à partir de Majunga.

Lorsque nos troupes arrivèrent en ce point, il y avait alors 3.800 hommes dans les hôpitaux, sans compter 2.000 hommes rapatriés, et un nombre considérable de morts. Le général Duchesne, frappé des difficultés rencontrées et du nombre des malades, décida donc que la route ne serait pas poussée plus loin.

Après Andriba, voici un plateau où campa le corps expéditionnaire. On trouve encore debout quelques poteaux indicateurs aux plaques faites de fonds de caisses de farine.

Le sol de l'ancien bivouac est même couvert de restes de matériel du corps expéditionnaire, surtout de pièces de voitures Lefebvre. D'ailleurs, à partir de ce camp, les abords de la route sont jonchés de débris de toute espèce : outils de pionniers, outils portatifs dont quelques-uns dans leur étui, gamelles, marmites de campement, bidons, seaux en toile, vieilles chaussures déformées par la pluie et le soleil, lambeaux de cuir, courroies et harnais racornis, ferraille de toute sorte, brancards de voitures, parfois même voitures entières, chaînes de traction, carcasses de bâts et, surtout, boîtes de conserves et caisses de farine éventrées. Souvent aussi on aperçoit au fond d'un ravin la caisse et les roues d'une voiture Lefebvre disparaissant à moitié dans les hautes herbes. D'autres n'ont pu dégringoler jusqu'au fond et sont demeurées accrochées à flanc de coteau, retenues par un roc ou embarrassées dans des racines d'arbres. En certains points même on en rencontre de petits groupes tirés hors du chemin et correctement alignés par sections, sur des paliers.

Et cependant, depuis deux ans, tous les commandants de poste et de détachement se sont évertués à faire disparaître ces pénibles vestiges et ont déjà recueilli et rassemblé sur des emplacements déterminés un nombre considérable d'objets, d'outils, d'ustensiles de toute nature. Mais, malgré toute leur activité et tous leurs efforts, le défaut de main-d'œuvre et de moyens de transport n'a pas encore permis d'achever ce travail et de déblayer entièrement la route et ses abords. La vue de ces derniers souvenirs de la marche du corps expéditionnaire impressionne péniblement le voyageur, en évoquant à son esprit toutes les difficultés que nos troupes eurent à surmonter, tous les obstacles qu'elles eurent à vaincre, et aussi toutes les fatigues et les souffrances qu'elles eurent à endurer pendant de longs mois, avant de pouvoir déployer les couleurs françaises sur les hauteurs de Tananarive.

Nous nous arrêterons quelques instants, avec le général Gallieni, à Suberbieville, centre de l'exploitation aurifère de la « Compagnie coloniale et des mines d'or de Suberbieville et de la côte ouest de Madagascar ».

Toutes les constructions de la cité industrielle et jusqu'aux plus humbles paillottes sont ornées d'une profusion de drapeaux tricolores qu'agite gaiement la brise du matin, au moment où le gouverneur arrive. Le temps est superbe. Pas un nuage au ciel. Toute la population indigène s'est portée au-devant du général et l'accueille en chantant, dansant, battant des mains, au son des accordéons, tambours, grosses caisses, flûtes, etc.

Le spectacle est surtout curieux par la diversité des nationalités et des races que comprend cette foule, mélange confus de Hovas, de Sakalaves, de Betsimisarakas, d'Antankares, de Comoriens, de Zanzibarites, de Makoas, d'Abyssins, d'Indiens, de Chinois, etc., formant un ensemble bizarre, bariolé des couleurs les plus disparates et confondant en un immense brouhaha leurs acclamations et leurs chants en dix langues différentes. Tout ce peuple cherche avidement du regard le général, que ne distingue nullement son modeste costume de soie betsiléo, moins galonné que ceux des officiers qui l'entourent, et à peine orné de deux minuscules étoiles d'argent.

Mais les bourjanes ont vite fait d'indiquer à sa curiosité le chef de la colonie qui, contrairement à l'usage malgache, marche en tête. La foule, qui va sans cesse en grossissant, l'entoure et, malgré l'allure rapide des porteurs, l'escorte en redoublant ses démonstrations au milieu du crescendo de vingt orchestres bizarres.

Bientôt le cortège atteint les premières cases en bordure sur une longue rue que coupent plusieurs arcs de triomphe très bien décorés et sur lesquels se détachent les inscriptions suivantes : « Vive le général Gallieni », « Honneur au général Gallieni », « Vive la France », « Liberté, Egalité, Fraternité », « Vive le Général ».

Celui surtout qui se dresse sur le terre-plein du poste, où le gouverneur et sa suite mettent pied à terre, est remarquable par ses proportions et son ornementation.

Le général trouve réuni là tout le personnel européen de la compagnie Suberbie.

Après les souhaits de bienvenue et les présentations, le

général visite le nouveau poste de Mevatanana, situé au-dessus et près de l'habitation de M. Suberbie.

Celle-ci est vraiment bien comprise et semble pouvoir être donnée comme type d'habitation coloniale. Construite en briques, elle est à un étage. Orientation, rez-de-chaussée très élevé au-dessus du sol, larges vérandas très bien abritées, tout décèle une parfaite entente de l'hygiène coloniale. Au rez-de-chaussée, salle à manger, vaste salon, bureau ; au premier, trois superbes chambres à coucher ; le tout largement aéré et ventilé. Parmi les dépendances, une spacieuse salle de bains. Cet ensemble de constructions qui forme un *home* des plus confortables est entouré d'un jardin frais, vert, ombragé, orné de mille plantes du pays et où courent en murmurant plusieurs ruisseaux d'une eau limpide et claire.

Après avoir déjeuné au poste, le général s'était installé dans la maison Suberbie, gracieusement mise à sa disposition, lorsque retentit soudain un bruit de musique et de chants. Toute la population s'était donné rendez-vous devant la résidence du gouverneur pour célébrer, par des danses et des chants, ses divertissements habituels, l'arrivée du chef de la colonie. On retrouvait là, groupée par nationalités et par races, la foule qui l'avait escorté à son arrivée.

Tous ces groupes exécutaient successivement leurs danses, que réglait, au moyen de coups de sifflet ou de battements de mains, un coryphée bizarrement accoutré.

Les danses des femmes sakalaves du Menavava, encore aux trois quarts sauvages, attirent plus particulièrement l'attention. Leurs figures diffèrent très sensiblement de celles auxquelles on avait assisté en Emyrne. Moins compassées, moins lentes, moins solennelles, avec plus de vie et de mouvement elles sont autrement animées, autrement expressives que les danses hovas. Quant aux danseuses, plus fortes, plus robustes, moins féminines que les femmes de l'Emyrne, elles ont les traits accentués, le teint bronzé et, comme toutes les Sakalaves, les cheveux tressés en une quantité de petites nattes de la grosseur de mèches de fouet qui leur retombent sur le visage, les oreilles et la nuque. Cette coiffure est des plus pratique pour chasser les mokafohys (de moka, moustique, fohy, court), aux piqûres si douloureuses, et elle joue absolument le même rôle que les franges des filets dont on recouvre souvent les chevaux pour les garantir des mouches. Inutile d'ajouter que toutes ces petites mèches sont soigneusement et généreusement imbibées de suif rance. Cette règle est générale à Madagascar, quel que soit le genre de coiffure. D'où évidemment un deuxième emploi éventuel de ces petites tresses de cheveux, qui, au besoin, vous l'avez deviné, peuvent servir de mèches de lampe !

Le portrait mérite d'être complété. Les joues et la poitrine sont souvent marquées de tatouages, la poitrine chargée de verroterie ou de métal.

Le nez et les oreilles sont également ornés de bijoux ; l'aile gauche du nez est celle qui est le plus généralement ornée. Au lieu de la vulgaire boucle de nos pays civilisés, le lobe de l'oreille porte soit un médaillon, soit un simple bouchon de bois de quatre à cinq centimètres de diamètre. A vrai dire, l'ornement en question n'est guère plus gracieux que notre boucle d'oreille.

Tout le corps, à partir du buste, est enveloppé dans un pagne bleu dont les bords rouges sont généralement en soie.

Danses et chants ont été composés pour le général. L'une de ces danses ne manque pas d'une certaine originalité. Les couples de danseurs et danseuses s'avancent processionnellement, précédés d'un mannequin costumé d'un complet gris, et qui, paraît-il, représente le général. Puis, le mannequin est placé au centre, et, à la fin de chaque figure, les couples viennent avec le plus grand sérieux lui tirer leur révérence. L'invention obtient un réel succès et excite l'admiration de tous les assistants. C'est le clou de la fête.

Les chants, qui expriment généralement des soins de bienvenue, des protestations de dévouement et d'attachement à l'adresse du chef de la colonie, forment un ensemble réellement harmonieux qui révèle de véritables dispositions musicales chez ces populations cependant peu ou nullement civilisées. Ce sens musical, si développé chez les Hovas, peuple d'ailleurs très supérieur à tous les autres peuples de l'île, est vriment à remarquer.

Dès que la chaleur est un peu tombée, le général, heureux de se soustraire enfin à ces bruyantes réjouissances qui durent depuis plusieurs heures et se prolongent jusqu'à la nuit noire, va visiter l'infirmerie-ambulance du poste.

Cette première journée passée à Suberbieville se termine par un très beau feu d'artifice et par l'inauguration du cercle français de Suberbieville. Le feu d'artifice est vraiment réussi. Comme bouquet, une initiale G, tracée en lettre de feu, en regard d'une étoile de grand officier de la Légion d'honneur, allusion délicate à la haute dignité que le gouvernement vient de conférer au général.

Les applaudissements éclatent de toutes parts au milieu de la nuit noire, tandis que les indigènes, stupéfaits à la vue d'un tel spectacle entièrement nouveau pour eux, suspendent un moment leurs tam-tams et leurs chants.

C'est une excellente idée qu'on a eue que de fonder un cercle où se réuniront tous les Européens de Suberbieville, officiers et personnel de la compagnie. La petite cité industrielle possède des éléments suffisants pour assurer la prospérité d'un tel établissement, lequel ne peut que contribuer à la bonne entente entre les personnes et entre les services. C'est pourquoi, en répondant aux souhaits de bienvenue que lui adresse le capitaine Poriou, commandant du secteur et créateur du nouveau cercle, le général, après avoir exprimé à tous, civils comme militaires, des remerciements pour la réception dont il a été l'objet, félicite les uns et les autres de l'esprit d'union et de solidarité dont ils lui donnent un exemple, esprit indispensable, dit-il, pour mener à bien la tâche ardue dont la France poursuit l'accomplissement à Madagascar, savoir : l'achèvement de la pacification et le développement agricole, économique et industriel des ressources de la grande île.

Le lendemain, dès neuf heures du matin, les chants et les danses recommencent de plus belle devant le logement du général, qui travaille très tranquillement et comme si rien n'était au milieu de tout ce vacarme.

Bientôt arrivent les chefs indigènes qui, tous, ont demandé à être présentés au chef de la colonie. Sur la proposition des commandants du territoire et du secteur, le général nomme, séance tenante, dixième honneur, Tsimitrambo, chef sakalave du district de Mevatanana, dont l'influence et le prestige sur les indigènes de la région sont considérables, et qui s'est toujours employé avec zèle au service de la cause française, ainsi que Ranaivo, son officier adjoint, et Rajonoro, chef du Menavava. Puis, le vieux Bengita, chef sakalave d'Ambohitrona, s'avance pour saluer le général. Il est entouré de plusieurs autres chefs qui semblent avoir pour lui la plus grande déférence. C'est qu'il a un certain air, ce vieillard, avec sa haute stature, son collier de barbe blanche, sa physionomie expressive, bonne, malgré un œil déjà voilé, sa démarche lente et digne. Il s'avance appuyé sur un long bâton. Son costume est des plus simples : un pagne roulé autour des reins; sa tête est coiffée d'un chapeau de paille à larges ailes d'où s'échappent de longues mèches blanches. Bengita est très écouté est très respecté dans le pays, et il s'est toujours montré l'ami des blancs. Il proteste à nouveau de son attachement à la France et de sa soumission à son représentant, heureux, dit-il, d'avoir vécu assez longtemps pour voir la paix et la prospérité régner sur la terre de ses ancêtres. Le général le reçoit avec bonté en le félicitant d'avoir toujours, lui et ses populations, aidé les Vazahas, et facilité leur établissement dans le pays. Puis,

Bengita, heureux d'avoir salué le grand chef des blancs, se retire suivi de sa petite cour.

Le général se fait ensuite présenter les enfants de l'école et en interroge plusieurs qui répondent en français avec beaucoup d'assurance. Je témoigne à l'instituteur sa satisfaction du caractère essentiellement pratique de son enseignement, et distribue aux jeunes écoliers de généreuses gratifications. Puis, se tournant vers les nombreux assistants, officiers et colons, il fait ressortir, en quelques mots, l'importance qui s'attache à l'éducation des jeunes indigènes. C'est, en effet, en s'adressant aux enfants d'aujourd'hui, ainsi qu'aux futurs générations, en leur inculquant nos idées et nos principes, bien plus que par la force des armes, que nous nous assimilerons et nous attacherons peu à peu ces populations et que nous parviendrons à faire un jour de Madagascar une terre vraiment française.

Après cela, les chefs du village du district sollicitent du général la permission de lui offrir en présent quelques spécimens des produits du pays. Alors, pendant une bonne demi-heure au moins, défile une longue procession d'indigènes qui tous viennent déposer leur charge sur la terrasse, aux pieds du général. Bœufs, poules, canards, pintades, œufs, poissons, bananes de toutes les dimensions, citrons, jarres de miel, soubiques de riz blanc, patates, manioc, gerbes de maïs, etc., s'amoncellent pêle-mêle au milieu des protestations des volatiles, plus ou moins écrasés, étouffés sous cette avalanche de produits de toutes sortes qui semble découler d'une corne d'abondance. Cette région est une véritable terre promise, en comparaison des pays traversés les jours précédents, surtout entre Ankazobé et Andriba. Il faudrait au général toute la flottille de la Compagnie Suberbie pour emporter l'immense quantité de victuailles accumulée devant lui ; aussi, après avoir admiré la qualité et le nombre de ces produits et avoir remercié les chefs des villages, invite-t-il ces derniers à remporter leurs présents. Mais, pour atténuer l'effet de ce refus, il leur fait remettre un certain nombre de piastres qui, tout naturellement, sont les bienvenues.

Pendant ce temps, les gratifications distribuées à nos jeunes écoliers leur ont délié les cordes vocales. Sous la conduite de leur instituteur, ils se promènent processionnellement sur la grande avenue aux abords de la maison Suberbie en chantant à tue-tête :

Je suis Français, c'est là ma gloire, etc.

Sur l'air du vieux cantique si populaire dans la mère-patrie :

Je suis chrétien, voilà ma gloire,
Mon espérance et mon soutien, etc.

Toute l'école est formée en deux longues files qui suivent les côtés de l'avenue, l'instituteur au milieu et ainsi les deux bordées alternent, tribord succède à babord et *vice versa*. Ces petits Sakalaves chantent juste, mais à tue-tête, et cela dure... toute la journée, à leur grande satisfaction sans doute, mais aussi au grand désespoir des tympans français.

Le lendemain, après une visite à la tombe du lieutenant Augey-Dufrene, fils de général, neveu d'amiral, tué au combat de Tsarasoatva, à l'âge de vingt-quatre ans, le général Gallieni s'apprête à quitter Suberbieville. Lorsqu'il quitte son habitation pour aller s'embarquer en canot à vapeur, toute la population est là, nullement fatiguée des danses et chants des journées et des nuits précédentes. Les écoliers sont également à leur poste, et, à en juger par leurs cris, leurs poumons n'ont pas souffert des efforts de la veille. Toute cette foule accompagne solennellement le chef de la colonie jusqu'à l'embarcadère, au milieu d'un concert étourdissant de musiques et de chants.

Nous serions heureux de suivre, dans sa glorieuse course, le gouverneur de Madagascar ; partout, nous retrouverions mêmes sympathies, même cordialité, même enthousiasme de la part des populations et de la part du général, même tact, même amabilité exquise, même sens pratique. Mais cela nous entraînerait bien loin. Aussi bien, après avoir célébré avec lui, à Maintirano, la fête nationale du 14 Juillet, serons-nous obligé de conclure.

Maintirano, est une grosse agglomération de cases renfermant de 1,500 à 1,800 habitants. A peine arrivé, le général adresse aux indigènes quelques paroles bien senties qui provoquent de leur part des protestations de dévouement à la France.

Là, comme ailleurs, il faut l'espérer, l'action ferme, mais éclairée de nos officiers, triomphera des dernières résistances qui persistent encore chez une partie de ces populations demeurées jusqu'ici à demi-sauvages.

Ce pays produit actuellement du mil, du maïs, du riz, du manioc, des patates, de cannes à sucre, de petits haricots rouges et du tabac. Les cocotiers qui y viennent à merveille pourraient, dès maintenant, faire l'objet d'un certain trafic ou fournir la matière d'applications industrielles.

A l'occasion du 14 Juillet, de grandes fêtes indigènes ont lieu : danses, courses, jeu de la sagaie, etc. Tout le monde s'amuse, prend joyeusement part à la fête, et, malgré une certaine réserve un peu sournoise, imputable sans doute à la sauvagerie native, chacun paraît heureux de vivre et nullement mécontent de son sort.

Si l'on songe que l'année précédente (1897), à pareille époque, dans ce même Maintirano, le chef Alidy, à l'arrivée du général, avait brûlé le village, pillé les commerçants et proclamé partout la révolte, on aura une idée du progrès accompli.

Quand, après deux mois d'exploration, le général Gallieni rentra à Tananarive, la ville le reçut avec des acclamations enthousiastes et dressa devant lui des arcs de triomphe ornés de feuillage et de fleurs. On lisait sur ces arcs de triomphe : « Salut, ô général, à votre heureux retour ! » « Vive Gallieni, notre infatigable général ! »

Les Français de France peuvent s'associer à ces touchants hommages des nouveaux Français de Madagascar.

Est-ce à dire que l'œuvre entreprise soit terminée ? Non certes. Routes, canaux, chemins de fer, réseau télégraphique à compléter, câble sous-marin à immerger autour de l'île, que de labeurs en perspective, tous indispensables au développement économique de ce pays encore neuf ! La guerre, les changements apportés par la domination française, tous ces événements se succèdant coup sur coup ont causé aux indigènes un étonnement dont il faut leur laisser le temps de revenir. Mais, quoi qu'il reste à faire, les progrès considérables déjà réalisés par le général Gallieni permettent de tout espérer. En deux ans, il a réprimé une insurrection qui menaçait de compromettre à tout jamais les résultats obtenus par l'entrée de nos troupes à Tananarive. Et il l'a réprimée sans violence. Sa victoire n'a point causé entre nous et les Malgaches de fossés sanglants. Elle n'a pas laissé derrière elle des souvenirs inexpiables. Et en même temps qu'il nous acquérait des « sujets », il nous gagnait des « amis ». Rapidement l'influence française s'est étendue sur la plus grande partie de l'île. Nos industriels et nos commerçants ont vu s'ouvrir de nouveaux débouchés. Les entreprises de cette colonisation y sont favorisées. Et cette Madagascar, naguère encore si peu connue et si hostile, deviendra bientôt sans doute une de nos plus belles et de nos plus florissantes colonies.

FIN

Limoges. — Imprimerie Marc BARBOU.

www.ingramcontent.com/pod-product-compliance
Ingram Content Group UK Ltd.
Pitfield, Milton Keynes, MK11 3LW, UK
UKHW020226220726
13923UKWH00002B/542

9 782019 477257